LENORMAND
Oracle

ルノルマン・ヴィンテージカード

ローラ・トゥアン〔著〕
Laura Tuan

鏡リュウジ〔監訳〕
宮田攝子〔訳〕

二見書房

CONTENTS
目次

そのほかのスプレッド

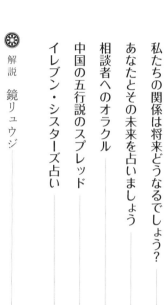

デッキ THE DECK

『ルノルマンカード』は、ナポレオンと親交があったともいわれるフランスの天才占い師マリー・アン・ルノルマン（1768－1843）の名前を冠したカードデッキです。本書で解説している『プチ・ルノルマン』は36枚のカードで構成され、54*枚のカードからなる『グラン・ルノルマン』の小型版です。

この36枚のカードは大変シンプルで、私たちの心にじかに語りかけるので、カードの意味を複雑に解釈して、誤解を招くことはありません。実際カードには人物、動物、ものといった身近なものごとが描かれているので、感覚や感情よりも、現実の事柄や状況を強くイメージさせます。ルノルマンカードには、哲学的な教えやスピリチュアルな意味合いはなく、まさに実用的な占い向けです。

それぞれのカードには、そのカードを表すシンボル的な絵とともにトランプの札も描かれています。トランプの絵は、カードの絵が表す意味を補足し、より詳しく説明しています。直感と経験をうまく働かせてカードの意味を読み解き、それから相談者が占ってほしいと思っている恋愛、仕事、家庭、健康、金銭、友人関係といった実生活の各分野に展開していきましょう。

注意：カードは、上向き（カードの解説ページでは「正位置」と表記）でも、下向き（「逆位置」と表記）でもリーディングできます。逆位置のカードは、悪い意味合いになります。

*（訳者注）ルノルマンの名前を冠した占いカードには54枚からなる大ルノルマン、36枚の小ルノルマンがありますが両者はまったくの別物です。現在、世界的に普及しているのは小（プチ）ルノルマンで本セットでもこちらが使用されています。

各カードの解説ページ

各カードからは、①・㊱までの数字と名前のほかにも、次のような重要な情報が読みとれます。

●カードの意味：カードが上向き（正位置）か下向き（逆位置）かで、意味合いが変わります。この内容で、より占いに関係がある分野（感情、成功、金銭）がわかります。

●予想されるできごとがいつ起こりそうか、その時期またはおおよその期間。

●アドバイス

① 騎手

HORSEMAN

カードの意味

正位置…男性がもたらすうれしい驚き。

逆位置…野心的な若者が、相談者を犠牲にして成功をおさめる。

時期…1月1日～10日

アドバイス…新たなスタートを恐れないでください。ただし、今のあなたへと導いてくれたこれまでのやり方も忘れないように。

スプレッド SPREADS

各カードの解説ページでは、本書でおすすめしている2つのスプレッドを使ったリーディングを掲載しています。この2つのスプレッドは、初心者の方でも気軽に試せるものです。このほかにもさまざまなスプレッドを巻末で紹介していますが、詳しい解説はないので、どちらかといえば中・上級者向けです。

1年間のスプレッド

元日か、そのすぐあとに占うのに最適なスプレッドです。1年の各月に1枚ずつ、合計12枚のカードを使い、その月に起こる重要なできごとや、支配的となる考え方を明らかにします。

ジプシーオラクル

次のような占い方があります。

❶完全版のスプレッドでは、人生における3つの重要な分野（感情、成功、金銭）を3つの時期（過去、現在、未来）に分けてリーディングします。さらに、外部の助け、試練、意外なできごと、障害などの予期せぬできごとについても占い、それが状況を発展させるか、悪化させるかも見ていきます。

❷1年間のスプレッドの補足としても使えます。1年間のスプレッドでさらに詳しく質問したいことが出てきた月について、より深く掘り下げます。

デッキを清める

デッキを清めるのは、初めてカードを使う前の一回だけ。冬至の日か、12月26日から1月6日までの間が最適なタイミングです。次の手順で行ないましょう。

テーブルに赤いテーブルクロスを敷きます。お香と赤いキャンドルに火をともし、テーブルクロスの上に置きます。塩を盛った(または流水で洗って浄化したクリスタルを置いた)小皿と、米やレンズマメ、ヘーゼルナッツ、イチジクやデーツ(ナツメヤシの実)などフルーツのお供えをのせたボウルを置きます。最後に、乾燥させた(ゲッケイジュ、ジュニパー、モミ、ヤドリギなどの聖なる木の)小枝を最低でも一本置きます。左手でルノルマンカードのデッキをもち、自分の名前を声に出して言いながら、お香の煙に3回くぐらせます。

次に1から36まで順番に並べたデッキのカードを伏せたままテーブルに並べていきます。最上段の左端からスタートし、横に6枚並べたら、一段下がってまた横に6枚並べます。こうしてカードを6枚ずつ6段並べます。

それから小枝を手に持ち、その小枝でカードに順番にふれていきます。

さらに、さきほど最後に置いたカードから順に手に取り、最初に置いたカードを最後に取るようにして、カードの並び順を逆にして、もう一度同じ手順を繰り返します。

それが済んだらデッキをテーブルに置き、やさしく息を3回吹きかけてから、赤いリボンで結び、使ったばかりの小枝の葉を添えて小さなポーチか赤い箱に収納します。

注意：このカードは正位置、逆位置どちらの向きでもリーディングするので、占いが終わったら、かならずすべて上向きに整え、1から36の順番に並べなおしてから、ケースに戻してください。

スプレッドの説明

GUIDED SPREADS

1年間のスプレッド

この占いは、大みそかの深夜以降か、遅くてもその次の週の間じゅうに行ないましょう。カードの枚数は数えずにデッキを大まかに7つの山に分けます。それから、ふたたびデッキを1つにまとめますが、このとき1番目、3番目、5番目、7番目の山はそのまま上向きに、2番目、4番目、6番目の山は上下を逆さまにします。

カードをシャッフルして、左手でカットしたら、トントントンと右手で3回カードを〝ノック〟しながら、占いたい相手のフルネームと生年月日を声に出して言います。

12枚のカードを引き、それを半円形に左から右へと並べますが、カードの解釈は反対側からしていきます。つまり、半円形の右端のカードが1月を表し、その隣が2月、一番左端のカードが12月を表します。

さあ、これから各月を表す12枚のカードを〝リーディング〟します。右から左へとカードを読むことを忘れないでください。カードが正位置か逆位置かに気をつけながら、この解説書を読みましょう。カードは、それぞれの月に起こるであろうもっとも重要なできごとや注目すべき分野（感情、仕事、金銭）をおおまかに表しています。

注意： このスプレッドでは、各カードが示す時期は意味がありません。

より詳しく知りたい方は、多くても6カ月分を好きなように選び、残った24枚のカードをシャッフルして、詳しく知りたい月ごとに4枚ずつ引いてください。知りたい月のカードの真上に、その4枚を下から上へと縦一列に並べます。各月ごとに並べ終え

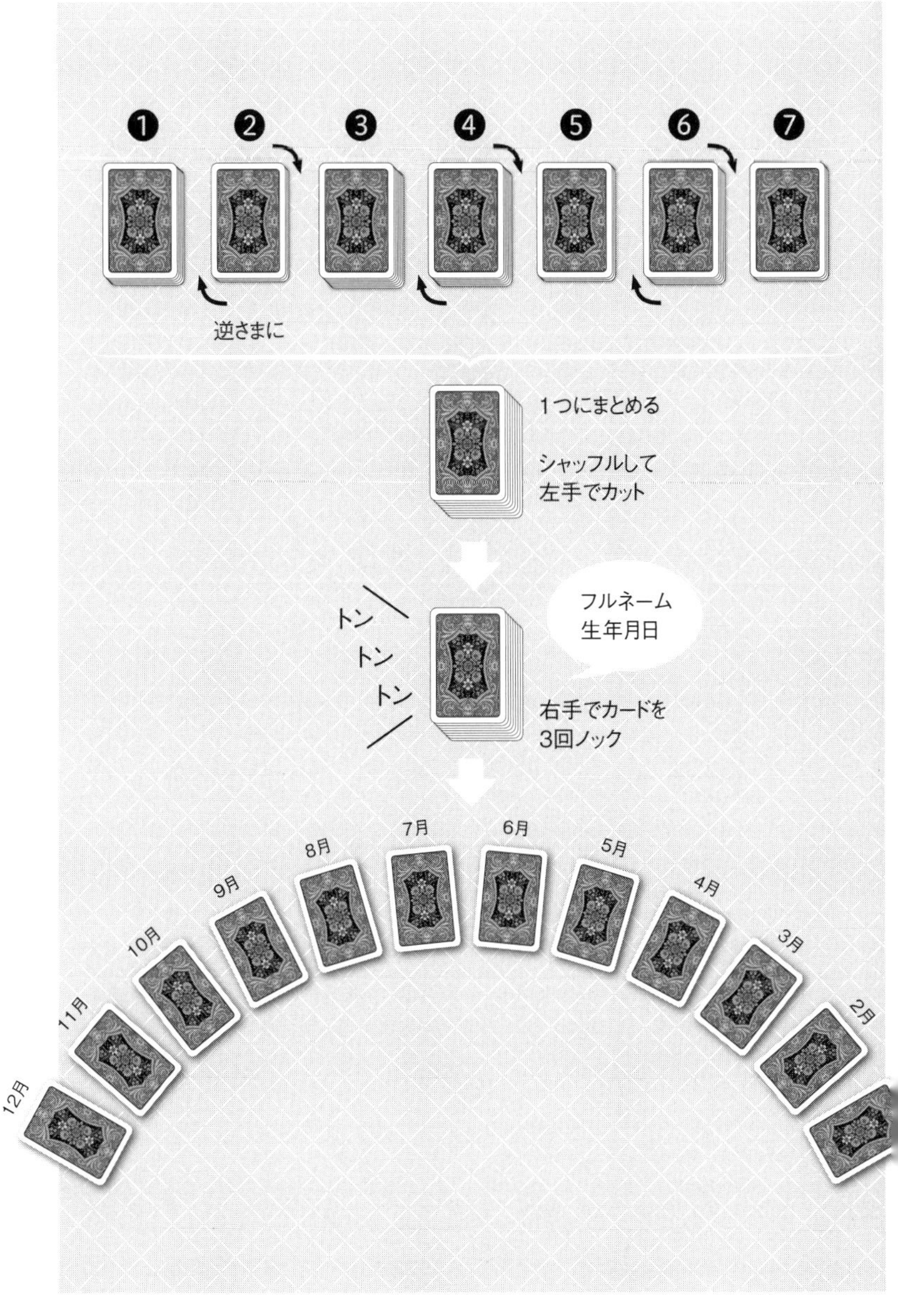
❶
❷
❸
❹
❺
❻
❼
逆さまに
1つにまとめる
シャッフルして
左手でカット
トン
トン
トン
フルネーム
生年月日
右手でカードを
3回ノック
7月
6月
8月
5月
9月
4月
10月
3月
11月
2月
12月

たら、各カードのジプシーオラクルの解説を次のように読んでください。

(A)その月を表すカードが示す分野（感情または成功、金銭）の1つだけを読み、ほかの2つの分野はまったく無視する。

(B)各列のいちばん下にある最初のカード（ポジション1）はその状況の原因や発端を示し、2番目のカード（ポジション2）は現在の状況およびそのよい点と悪い点、3番目のカード（ポジション3）は起こりそうな予期せぬできごと、たとえばその状況を妨げたり変えたりする助けや障害について、一番上のカード（ポジション4）は最終的な結果やその状況の今後の展開について明らかにします。

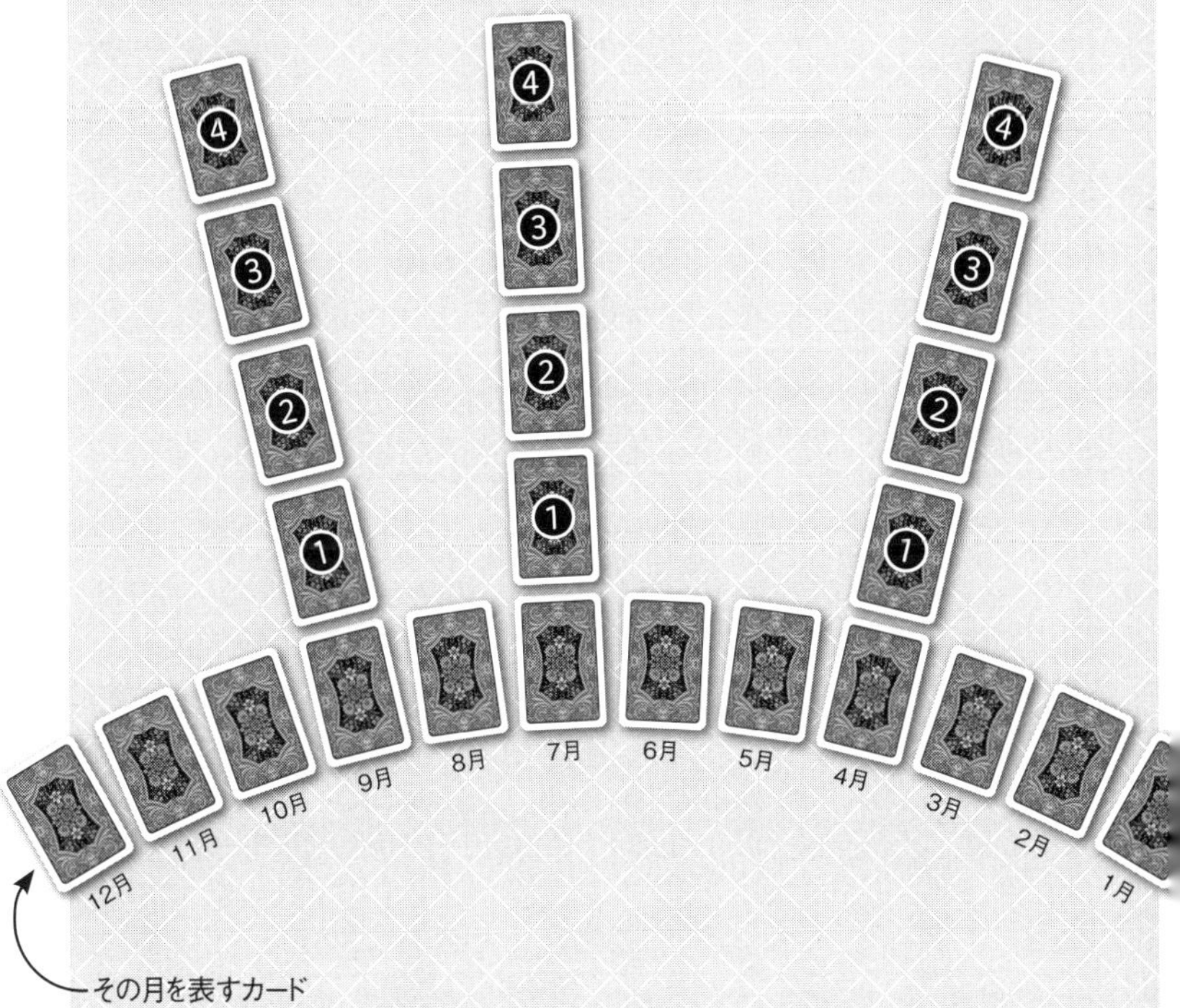

❶ 状況の原因や発端

❷ 現在の状況およびそのよい点と悪い点

❸ 予期せぬできごと

❹ 最終的な結果やその状況の今後の展開

ジプシーオフクル

カードを引いたときに正位置、逆位置どちらの向きも出るように、一部のカードを適当に上下逆さまにしながらシャッフルします。

デッキをふたたび1つにまとめて立てて持ち、前にも説明したように自分の名前を声に出して言いながらカードを3回ノックして、4枚ずつ9つの山に分けます。

1番目と2番目の山を取り除き、3番目の山の4枚のカードを左側に下から上へと縦1列に並べます。同じように4番目と5番目の山を取り除き、6番目の山の4枚のカードをさきほどの列のすぐ右側に、下から上へと縦1列に並べます。さらに7番目と8番目のカードを取り除き、9番目の山の4枚のカードを一番右の列に、下から上へと縦1列に並べます。こうして縦3列、それぞれの列に4枚ずつカードが並びました。

左の列は、感情の列(家族、子ども、愛、獲得)。

中央の列は、成功の列(仕事、勉強、スポーツ、旅行)。

右の列は、金銭の列(収入、仕事、投資、購入、相続)。

各列の4枚のカードは、一番下がポジション1、一番上がポジション4で、各ポジションは次のような内容を示しています。

ポジション❶ 過去。状況の発端とその背後にある原因。

ポジション❷ 現在。現在の状況とそのよい点、悪い点。

ポジション❸ 予期せぬできごと。よい意味または悪い意味での驚き。状況を変えうる助けや障害。

ポジション❹ 結果。転機。状況の今後の展開。

カードから完全な答えを聞き出したいのなら、このスプレッドのすべてのカードをめくり、それぞれの解説ページを読みましょう。

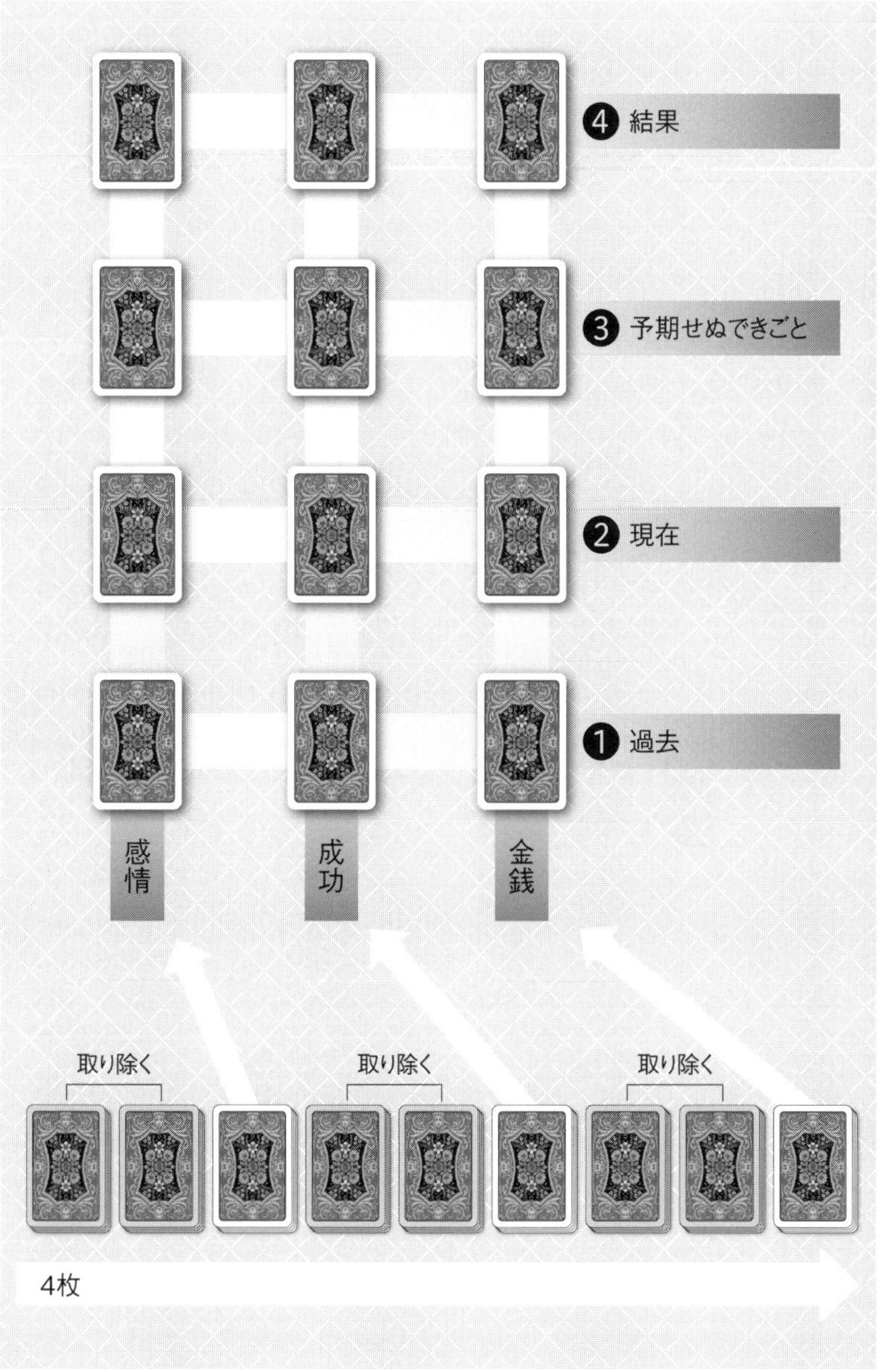
❹ 結果
❸ 予期せぬできごと
❷ 現在
❶ 過去
感情
成功
金銭
取り除く
取り除く
取り除く
4枚

① 騎手《きしゅ》

HORSEMAN

カードの意味

正位置…男性がもたらすうれしい驚き。

逆位置…野心的な若者が、相談者を犠牲にして成功をおさめる。

時期…1月1日～10日

アドバイス…新たなスタートを恐れないでください。ただし、今のあなたへと導いてくれたこれまでのやり方も忘れないように。

1年間のスプレッド

正位置…この月は、感情面が中心になります。カップルはけんかをしたあと、ふたたび良好な関係になり、愛情が理屈や恐れ、疑念、部外者の介入に勝ります。望まれた妊娠の知らせ。

逆位置…愛情面で大きな心配ごとが起こります。友好的で快活ながら自分勝手な人物のせいで、カップルの間に疑念とストレスが生じます。早すぎる妊娠、あるいは経済的に受け入れられない妊娠に対する不安。愛する人との一時的なつらい別れ。

ジプシーオラクル

感情

◆ポジション1◆ **過去**

正位置…あなたは恋愛でつねに誠実かつ敬意をもって相手に接し、相手に安心を求め、自分もそれを返していました。

逆位置…あなたはささいな不満や障害、一時的な別れのせいで、心が落ち着きませんでした。

◆ポジション2◆　**現在**

正位置…友人が、あなたの意中の人の関心ごとを確かめてくれます。

逆位置…悪い知らせやうわさ話、ささいな誤解のせいで良好な人間関係にヒビが入ります。

◆ポジション3◆　**予期せぬできごと**

正位置…男性からもたらされるうれしい驚きや贈り物、お誘い。予期せぬ出産。

逆位置…魅力的な人物がカップルの関係を危うくするかもしれません。

◆ポジション4◆　**結果**

正位置…パートナーと口論したあと、ふたたび関係を修復します。愛が勝利をおさめます。

逆位置…悪意のある野心的な人が、あなたを犠牲にして成功をおさめます。あなたの感じやすい対抗心は、自分を負け犬と見なすでしょう。

成功

◆ポジション1◆　**過去**

正位置…あなたはよい地位につこうと誠実に奮闘しました。

逆位置…野心的な若者のせいで、あなたは苦しい立場に置かれました。

◆ポジション2◆　**現在**

正位置…あなたは自分の仕事が大好きで、自信に満ち、同僚や上司からも高く評価されています。有益な友情。満足のいく野望。

逆位置…仕事上のねたみや恨みが、あなたに不快な思いをさせています。

◆ポジション3◆　**予期せぬできごと**

正位置…友人からサポートや貴重なアドバイスが得

られます。経験に基づく解決策が思いがけずもたらされます。

逆位置…思いがけない強力な攻撃。不満をもつ若いライバルから報復を受けます。

◈ポジション4◈ **結果**

正位置…危機に立たされても、パートナーや同僚に裏切られることはないでしょう。対立する相手と折り合いがつきます。

逆位置…若干の降格、または役割や任務の一時的な変更。やむを得ない事情による異動の可能性。

金銭

◈ポジション1◈ **過去**

正位置…あなたはリスクのない昔ながらの安全な方法で資金をためて、再投資しました。

逆位置…あなたはリスクの高い投資を信用し、少額の資金を失いました。

◈ポジション2◈ **現在**

正位置…財政状態がよいので、愛する人に貴重な贈り物をするなど、特別なことをする余裕があります。

逆位置…信用の回復に多少の妨げと遅れが生じます。

◈ポジション3◈ **予期せぬできごと**

正位置…若者がもたらす安心できる金銭的な知らせ。

逆位置…予期しないわずかな株価の下落。

◈ポジション4◈ **結果**

正位置…友人のアドバイスにより、すばらしい投資を行なうでしょう。

逆位置…一時的な問題。適切なサポートのおかげで損失が回避できます。

② クローバー

CLOVER

カードの意味

正位置…なんらかの分野での成功。
逆位置…怠慢や不注意によりチャンスを失う。
時期…1月11日～20日
アドバイス…自分の幸運を神様に感謝してください。蓄積した資産を新しいビジネスチャンスに使いましょう。

1年間のスプレッド

正位置…この月は、お金を貯めることに専念しましょう。もうかる取引や有利な契約、あるいはささやかな思いがけない遺産相続のおかげで臨時収入があるか、リスクが低く利益の出る投資ができます。株価の値上がり。

逆位置…この月は、集金の遅れ、予想よりも低い収入、息が詰まりそうなほどの請求書や負債など、お金のことにばかり頭を使います。本当にしてはうますぎる取引を信用しないでください。だれかがあなたをだまそうとしています。

ジプシーオラクル

感情

◆ポジション1◆ 過去

正位置…あなたはつらい子ども時代を過ごし、愛と安心を求めています。

逆位置…あなたはだれかに裏切られて深く傷ついたことから用心深くなり、現実に失望しています。

◈ポジション2◈ **現在**

正位置…人生のチャンス到来！　愛。両想い。経済的に豊かな人。

逆位置…危険な人物があなたに近づいてきます。自分のパートナーをほったらかしにしないこと。心が離れてしまうかもしれません。

◈ポジション3◈ **予期せぬできごと**

正位置…容姿端麗で裕福だけれど、すでにパートナーがいる人との出会いにより、あなたの価値観が危機に陥ります。

逆位置…愛する人の旅立ちがきっかけで、あなたに危機が訪れます。危険な人物がしかけたわなに注意してください！

◈ポジション4◈ **結果**

正位置…すべてがうまくいきます。あなたはパートナーとその資産を手にするでしょう。

逆位置…厄介な事態や予期せぬできごとのために人間関係が脅かされます。自分が危うくなることを恐れ、ひとりぼっちになってしまうかもしれません。

成功

◈ポジション1◈ **過去**

正位置…入念な準備のおかげでよい契約を結び、すばらしい商談をまとめました。

逆位置…怠慢と不注意のために、すばらしいチャンスを逃しました。

◈ポジション2◈ **現在**

正位置…あらたな任務。刺激的な役割が、あなたの才能を引き出します。

逆位置…契約締結の遅れと複雑な事情。だれかが戻るのを待たなくてはならないでしょう。

◆ポジション3◆予期せぬできごと

正位置…組織改造のおかげであなたは優位な立場に立ち、ライバルを排除できます。

逆位置…書類やものが見当たらないことによる役所的な問題と遅さ。

◆ポジション4◆結果

正位置…あなたが推進しているプロジェクトは、すばらしい成功をおさめるでしょう。

逆位置…プロジェクトを提案する相手を間違えたために、ビジネスが失敗する恐れがあります。

金銭

◆ポジション1◆過去

正位置…遺産や利益の出るビジネスのおかげで、かなりの安心が得られました。

逆位置…すばらしいチャンスが消え、二度と戻ってこないでしょう。

◆ポジション2◆現在

正位置…最初は不確実でしたが、満足のいく妥協が成立するでしょう。

逆位置…ビジネスチャンスが不確実なためにストレスを感じます。遠く離れている人の署名がない。

◆ポジション3◆予期せぬできごと

正位置…遺産や臨時収入などのラッキーチャンスがあり、多少のぜいたくが楽しめそうです。

逆位置…想定外の遅れが生じ、ライバルが有利な立場になります。

◆ポジション4◆結果

正位置…取引は、あなたに有利な形で終わるでしょう。

逆位置…もしあなたが自分の本心を明かせば、一見あやしそうに見えない狡猾な人にだまされるでしょう。

③ 船
BOAT

カードの意味

正位置…のんびりした休暇。楽しい旅。
逆位置…気乗りしない旅立ち。移住する義務。
時期…1月21日〜31日
アドバイス…後悔せずに旅立ちましょう。気分を一新して、自分の視野を広げるときです。

1年間のスプレッド

正位置…この月は、足踏み状態の月。とりわけストレスの多い仕事に専念したあとなので、少なくとも何日かは休息に当てるべきです。健康維持のためにのんびりと休暇をとるのもよいでしょう。勉強や出張が多い月ですが、十分な自由時間をとってください。

逆位置…とてもストレスの多い期間のあとの出張中やご褒美の休暇中に、思いがけず苦々しいことが起こりそうです。なんらかの妨げ、遅れ、失望、ささいな盗難。家を離れていたり、愛する人が不在なために懐かしさを感じる。

ジプシーオラクル

感情

◆ポジション1◆ **過去**

正位置…状況変化のおかげで、カップルの危機やパートナーの健康問題を乗り越えられました。

逆位置…移動を強《し》いられたために、愛する人と離れることになりました。

◆ポジション2◆現在

正位置…パートナーとの穏やかで楽しい時間や休暇、旅行。

逆位置…愛する人から遠く離れ、その人の不在をつらく思います。

◆ポジション3◆予期せぬできごと

正位置…遠く離れた人からの思いがけない招待、または相手に内緒で会いに行く旅。

逆位置…旅行中に昔の恋人と気まずい再会をします。

◆ポジション4◆結果

正位置…一時的な別離により、考えが整理されます。ハネムーン間近。自分探しの感傷的な旅。

逆位置…避けられない破局により生じる憂うつと後悔の念。

成功

◆ポジション1◆過去

正位置…あなたはデスクワーク中心の生活を選んだことで、家族のもとに戻れました。

逆位置…あなたは家族や友人を置いて気乗りしないまま、現実味のないビジネスチャンスのために出かけました。

◆ポジション2◆現在

正位置…ストレスの多い期間のあとの当然の休暇。

逆位置…気乗りしない大変な出張。

◆ポジション3◆予期せぬできごと

正位置…意外な異動。おもしろそうな海外研修コース。

逆位置…放棄した仕事や勉強への後悔となつかしさ。

◆ポジション4◆結果

正位置…観光、エコロジー、環境関連の新しい仕事の契約。

逆位置…大変だが給料の高い仕事のために家を空けることになります。

金銭

◆ポジション1◆ **過去**

正位置…家を空ける仕事のおかげで、かなりのお金を貯めました。

逆位置…カップルの危機の根底にある金銭的な問題。

◆ポジション2◆ **現在**

正位置…郊外の住宅の売買、取得、リフォーム。

逆位置…まもなく問題を修復するか、失ったビジネスチャンスを取り戻すでしょう。

◆ポジション3◆ **予期せぬできごと**

正位置…遠い親族からの少額の遺産相続。

逆位置…旅行中のささいな盗難、または心配ごと。

◆ポジション4◆ **結果**

正位置…海外出張により、新しいものの見方に目覚めるでしょう。価値観が変わろうとしています。

逆位置…よい収入。海外での信用回復。

④ 家

HOUSE

カードの意味

正位置…カップルや家族の調和。よいビジネス。遺産相続。

逆位置…家族の問題。

時期…2月1日～9日

アドバイス…恐れや空想を捨てて、理性的に問題に立ち向かい、現実的な解決策を模索しましょう。

1年間のスプレッド

正位置…金銭面、あるいは住宅の取得、修復、引っ越し、家具の模様替えなど住宅関連のことが中心となる月。なにかを決定する必要があるときは、適任者のアドバイスを信頼しましょう。

逆位置…この月の問題は、基本的に仕事と報酬に関することです。上司に立ち向かうか、仕事を一時的に保留することになるかもしれません。家のことも問題になりそう。とりわけリフォームの計画や引っ越しの予定があるか、自分の親族を詳しく知るようになると問題が起こるでしょう。

ジプシーオラクル

感情

◆ポジション1◆ **過去**

正位置…希望どおりに家を引っ越す。ともに幸せに暮らす。

逆位置…望まない環境の変化。悲しい事情により家族のもとに帰る。

◆ポジション2◆　現在

正位置…自分自身の家で暮らす、愛にあふれた幸せなカップル。

逆位置…家族の不調和。家に関する話し合い。

◆ポジション3◆　予期せぬできごと

正位置…賢く親切で、あなたを守ってくれるような、なによりも独身の人との思いがけない出会い。

逆位置…事実上完璧だけど、すでにパートナーがいる人とのドキドキする出会い。

◆ポジション4◆　結果

正位置…意中の人と幸せな家庭を築く。満足のいく穏やかな関係が末永く続く。

逆位置…どちらかの家族との関係によって引き起こされるカップルの口論。

成功

◆ポジション1◆　過去

正位置…良識ある有力者が、あなたに仕事上のサポートを約束してくれました。

逆位置…有力者との口論のせいで生じた仕事上の問題。

◆ポジション2◆　現在

正位置…仕事での望ましい変化のおかげで、大きな家に引っ越す。

逆位置…一時的な失業。余剰人員の解雇。労働時間の削減。

◆ポジション3◆　予期せぬできごと

正位置…金髪*の同僚から思いがけないサポートを受ける。

逆位置…金髪*の男性が仕事上の誤解と失敗を引き起こす。

*（訳者注）日本では髪を染めている人と解釈してもかまいません。

◆ポジション4◆　**結果**

正位置…有力者のおかげで実現した昇進またはアポイントメント。

逆位置…支援の約束が破られる。

金銭

◆ポジション1◆　**過去**

正位置…かなりの収入。もうかる不動産取引。

逆位置…不安定な経済状態による引っ越し。スペースの共有を強いられる。

◆ポジション2◆　**現在**

正位置…現金での住宅購入、または好条件の住宅ローン。

逆位置…家賃や住宅ローンの支払いにおける問題。

◆ポジション3◆　**予期せぬできごと**

正位置…予期せぬ不動産の相続、または少額の寄付。

逆位置…住宅の破損による予想外の出費。近所の人との誤解。

◆ポジション4◆　**結果**

正位置…あなたは好条件で理想の家を見つけるでしょう。

逆位置…人がうらやむほどの不動産購入の話が、最高のタイミングでは実現しません。

⑤ 樹

TREE

1年間のスプレッド

正位置…この月は、愛情、とりわけ家族に注力する月です。あなたは愛する人たちに負い目を感じ、仕事や学業の成功で恩返ししたいと思うでしょう。彼らの悲しみや尽力の埋め合わせをしてください。

逆位置…家族の調和を保つために多大な努力を要します。感情が決定的な役割を果たします。あなたは実際、重い負担を抱えて、不満と不安を募らせ、みじめな気持ちです。さらに金銭上の問題や出費、役所の煩雑な手続きが追い打ちをかけるでしょう。

カードの意味

正位置…あなたが信頼できる親族、息子、娘、または友人。

逆位置…土地と家族の団結を維持するための犠牲。

時期…2月10日～19日

アドバイス…他人を信じる前に、まずは自分自身を信じましょう。

ジプシーオラクル

感情

◆ポジション1◆ 過去

正位置…あなたは身近な家族から価値観についてよい教えを受け、これからもその価値観を大切にします。

逆位置…家族の団結やカップルの調和を保つためにあなたは多大な犠牲を払う必要がありました。

◈ポジション2◈　**現在**

正位置…あなたはまわりと完全に調和して暮らし、信頼できる友人たちと固い絆で結ばれています。

逆位置…疑念や不確かなことが生じたり、約束が破られたりして、カップルの間に不安が生じます。妊娠できずにがっかりします。

◈ポジション3◈　**予期せぬできごと**

正位置…あなたの心の中でなにかが大きくなりつつあります。それは、家の中にいるだれかに関連しています。

逆位置…根拠のある疑惑と思いがけない希望が、あなたのパートナーを違う角度から照らします。

◈ポジション4◈　**結果**

正位置…たとえ感情的な苦しみに悩まされていても、その苦しみは報われるでしょう。

逆位置…たとえ大混乱していても、家族の団結を維持するには、献身と真剣さと犠牲が必要です。

成功

◈ポジション1◈　**過去**

正位置…あなたは仕事や勉強に打ち込み、その甲斐あって目標を達成しました。

逆位置…支援が得られないというよりも、悲観的な考え方や心配、自信のなさのために、あなたは成功に至りませんでした。

◈ポジション2◈　**現在**

正位置…あなたは仕事に満足し、誇りとやりがいを感じています。

逆位置…あなたは自分の仕事がきらいで、仕事を変えたいと思っていますが、どうすればいいかわからず悩んでいます。

◈ポジション3◈ **予期せぬできごと**

正位置…必要とあらば若い親族が、あなたを助けるために犠牲を払うつもりでいます。

逆位置…役所の煩雑な手続きのために、ゴールまであと一歩のところで足止めされます。

◈ポジション4◈ **結果**

正位置…あなたは、望みどおり目標を達成するでしょう。仕事上の昇進や卒業が間近。

逆位置…不可能な夢を抱いているのなら、苦い敗北感を味わうでしょう。根拠のある疑惑。プロジェクトが始まらないことへの不安。

金銭

◈ポジション1◈ **過去**

正位置…経済的援助を家族が受ける。

逆位置…家族の土地と家を守るための大切な犠牲。

◈ポジション2◈ **現在**

正位置…あなたはどのように事態をおさめるかを知っていて、その結果に満足しています。若い身内がサポートを受けます。

逆位置…金銭的な不安。役所の煩雑な手続きとストライキのせいで、当てにしていた返金が遅れます。

◈ポジション3◈ **予期せぬできごと**

正位置…不正を被《こうむ》ったことに対する思いがけない損害賠償金。罰金の取り消し。お金を取り戻す。

逆位置…予定外の家計の出費により、不必要な出費の削減を強いられる。

◈ポジション4◈ **結果**

正位置…身体の健康と物質的な幸福はまちがいありません。

逆位置…債務救済は難しいでしょう。銀行からの融資困難。

⑥ 雲

CLOUDS

カードの意味

正位置…一時的な窮地。解決可能な妨げと遅れ。

逆位置…予期せぬできごとに起因する深刻な問題。

時期…2月20日～29日

アドバイス…くじけないでください。あなたの行く手を阻む障害はいつまでも続きません。

1年間のスプレッド

正位置…この月の努力や考え、恐れは、すべて仕事に関することです。あなたは、おそらく完全には満足できず、妥協していることもあるでしょうが、外部の助けを受け入れれば、こうした問題は長く続かず、克服できます。野心は抑え、いまの限度内にとどめましょう。

逆位置…障害や妨害に関する仕事でエネルギーを消耗します。秘密の計画を隠している危険な人物に注意してください。たとえ友人や銀行が興味を示したとしても、彼らから融資を受けるのは控えましょう。

ジプシーオラクル

感情

◆ポジション1◆　過去

正位置…あなたは幼少時から自制心と断固たる態度

をモットーとしてきたので、自分をさらけだし、解き放つことをとても恐れています。

逆位置…あなたは裏切りにあい、深く傷ついています。

◈ポジション2◈ **現在**

正位置…一時的な危機ですが、善意があれば、カップルの調和を保てます。

逆位置…いやな経験を恐れて、自分を孤独に縛りつけています。

◈ポジション3◈ **予期せぬできごと**

正位置…あなたの考えを明確にするのに、親族が手を貸してくれるでしょう。あなたはパートナーを完全に信頼できます。

逆位置…陰謀をたくらむ人は、あなたの恋愛の終わりを意味します。

◈ポジション4◈ **結果**

正位置…外部の助けのおかげで、不要なつらい別れを経験せずにすみそうです。あなたのパートナーは口には出さないけれど、あなたのことを愛しています。

逆位置…避けられない破局。カップルの相性が悪い。

成功

◈ポジション1◈ **過去**

正位置…家庭や学校で徹底的に教えこまれたおかげで、あなたは意思が強く、忍耐強くなりました。

逆位置…家族の一大イベントのために計画を変更する必要があります。

◈ポジション2◈ **現在**

正位置…障害も誘惑も、あなたがゴールを目指すのをとめることはできません。あなたの決意は固く、成功をおさめる力があります。

逆位置…狡猾なライバルがあなたの行く手を阻みます。

◆ポジション3◆　予期せぬできごと

正位置…みんなの予想を裏切り、上司があなたの味方につきます。

逆位置…同僚の問題があなたに飛び火します。

◆ポジション4◆　結果

正位置…たとえあなたの野心は満たされなくても、仕事で昇進する可能性があります。

逆位置…予期せぬ障害により、方向転換を余儀なくされます。

金銭

◆ポジション1◆　過去

正位置…よい相談相手のおかげで、経済的危機に陥らずにすみました。

逆位置…家族の病気のせいで経済的な問題が生じました。

◆ポジション2◆　現在

正位置…一時的な問題。かなりよい収入だが、あなたのライフスタイルには不十分。

逆位置…有力者から融資や資金調達を断られる。

◆ポジション3◆　予期せぬできごと

正位置…有力な友人から融資を受ける。

逆位置…気前のよさにだまされないこと。どんなに困っていても、融資は受けないように。

◆ポジション4◆　結果

正位置…役所の手続の遅れにもかかわらず、あなたは自分に支払われるべきお金を受け取るでしょう。

逆位置…損失を回復するのはむずかしい。障害や赤字。

⑦ヘビ
SNAKE

カードの意味

正位置…裏切りが起こりそう。ねたみの正当化。
逆位置…偽善。優柔不断。信頼が裏切られる。
時期…3月1日〜10日
アドバイス…表面的にはやさしく礼儀正しい茶色い髪の女性を信用しないでください。

1年間のスプレッド

正位置…この月は、感情面が問題になります。あなたはあまり口に出しませんが、まったく根拠がないわけでもない、いやな感情や疑念を心に抱いています。パートナーや同僚との関係における自分の立場を思いきって明確にしなければならず、信頼が裏切られる危険を冒します。

逆位置…感情面で不運な人は、自分自身にも責任の一端があります。あなたは愛情面で一貫性に欠け、どっちつかずの態度をとり、自分にふさわしくない人たちを信頼し、自分を愛してくれている人たちを受け入れていません。見捨てられて、つらい思いをする。不当な扱いを受ける。不愉快な誤解。

ジプシーオラクル

感情

◆ポジション1◆ 過去

正位置…過去の不可解なできごとや誤解のせいで、あなたはヤックスや恋愛をくつろいで受け入れることができません。

逆位置…過去の不幸な恋愛で、あなたは疑念と恐怖をさんざん味わいました。

◈ポジション2◈　現在

正位置…あなたの身近に、冷たいけれど誠実な人がいます。

逆位置…カップルの調和に悪い変化が起こります。友人を疑ったほうがよさそうです。

◈ポジション3◈　予期せぬできごと

正位置…嘘や裏切りが横行し、あなたは警戒心を抱きます。人を信頼しすぎるのは間違いです！

逆位置…信頼が裏切られる。思いもよらず見捨てられる。家族とその束縛から逃げる。

◈ポジション4◈　結果

正位置…健康面の危機があなたの人間関係を明確にし、あらたな関係を生み出します。

逆位置…優柔不断な人のせいで、とても不快な思いをするでしょう。まともな理由もなく愛が拒絶されます。

成功

◈ポジション1◈　過去

正位置…好意が報われず、誤解も解けず、精神的に不安定になります。

逆位置…愛する相手を間違えて、すばらしい仕事のチャンスを逃しました。

◈ポジション2◈　現在

正位置…利口だけど気まぐれで、なにかとあなたを利用して、いい人を演じようとする同僚を信用しないでください。

逆位置…不誠実な同僚があなたをねたみ、陰口を言っています。

◆ポジション3◆　予期せぬできごと

正位置…上司に気まずい秘密を打ち明けられます。

逆位置…意外な解雇または降格。不当な処罰に苦しみます。

◆ポジション4◆　結果

正位置…病気で欠勤したあとの大成功と目標の刷新。

逆位置…あなたの優柔不断さが不利に働きます。方向転換を決断しないと、なにひとつ満足のいく結果にはならないでしょう。

金銭

◆ポジション1◆　過去

正位置…あなたにふさわしくない人へのお金の浪費。

逆位置…純朴さと判断ミスによる金銭的損失と不当な行為。

◆ポジション2◆　現在

正位置…借金の返済に必死。

逆位置…提案の却下。資金不足による提携の取り消し。

◆ポジション3◆　予期せぬできごと

正位置…損失の謎が突如として明らかになる。

逆位置…魅力的な投資が、優柔不断と怠慢のために立ち消える。

◆ポジション4◆　結果

正位置…気まぐれな人の行動にイライラしそう。

逆位置…不公正な契約により、利益を逃す。

⑧ 棺《ひつぎ》

COFFIN

カードの意味

正位置…予測不可能な健康状態。リスク。口論。

逆位置…不快感。金銭的な損失。

時期…3月11日～20日

アドバイス…あなたの生活の一部でなくなったものはいさぎよく手放し、すでにあなたのもとに訪れている新しいものを受け入れるスペースをつくりましょう。

1年間のスプレッド

正位置…仕事とその結果得られるお金こそが、努力と野心の促進剤です。成功するには、多くのリスクをおかし、さまざまな反感や上司の反対に立ち向かわなければなりません。戸惑いを感じても、変化を受け入れてください。

逆位置…この月いっぱい仕事の問題と経済的苦境が、家族やパートナーとの調和に悪い影響を与え、パートナーとは危機寸前にまで追いこまれそう。でも、外部の人の働きかけで破局は回避できるでしょう。

ジプシーオラクル

感情

◆ポジション1◆ 過去

正位置…別離や感情的な喪失を心に抱え続けている。

逆位置…やってこない人をずっと待ち続ける。

◆ポジション2◆　現在

正位置…個人的な不安に関係した口論と挫折のせいで、パートナーとの絆が弱くなる。

逆位置…カップルが価値観をめぐって危機に陥り、破局寸前。

◆ポジション3◆　予期せぬできごと

正位置…パートナーか家族の心身の問題のために、あなたは決意を翻《ひるがえ》します。

逆位置…現状にうんざりしたパートナーから好戦的な反発を受け、変化を求められます。

◆ポジション4◆　結果

正位置…古いぼろぼろの恋愛が終わりを迎え、あらたな恋が始まります。

逆位置…恋愛面で活気のない未来。

成功

◆ポジション1◆　過去

正位置…あなたは身体あるいは健康上の問題から特定の仕事に就けなくなり、夢が断たれたように感じました。

逆位置…あなたは約束された援助を長く待ちすぎています。意地を張るのはやめて、自分自身で解決しましょう。

◆ポジション2◆　現在

正位置…現状では野心的すぎるプロジェクトを見直す必要があります。

逆位置…あなたは変化に対してむだな抵抗をしています。

◆ポジション3◆　予期せぬできごと

正位置…あなたを非難する残念な知らせ。余剰人員の解雇。強制解雇、または活動の妨害。

逆位置…一族の資産配分の取り決めに対する心配か

ら、あなたの前進が遅くなります。

◈ポジション4◈　結果

正位置…あなたは身体が弱く、二つの仕事をかけ持ちすることはできません。古い仕事はあきらめて、新しい仕事に専念しましょう。

逆位置…不安定な状況に新しい不確かな変化が起こりそうです。

金銭

◈ポジション1◈　過去

正位置…あなた自身か家族の健康問題のために預金の大半を使い果たしました。

逆位置…あなたは感情的に傷ついたあと、羽目を外して道楽にふけり、預金を使い果たしました。

◈ポジション2◈　現在

正位置…仕事のストレスと経済的不安から、心身のバランスが脅かされます。

逆位置…不健全な経済状態のために倹約生活を強いられます。

◈ポジション3◈　予期せぬできごと

正位置…株価下落の知らせにショックを受けるでしょう。

逆位置…家族の幸せと健康のために思いがけない臨時収入があります。

◈ポジション4◈　結果

正位置…すばらしいビジネスチャンスは、慎重に検討すべき。リスクの高い出費や投資は控えましょう。

逆位置…資本の運用法に変更の余地はありません。専門家に助けを求めましょう。

⑨花束
BOUQUET

カードの意味

正位置…贈り物。平和。改善。癒し。
逆位置…不安定。競争。間違ったことを行なう。間違ったものを受け取る。
時期…3月21日～31日
アドバイス…つねに前向きに考え、疑念や恐れと戦いましょう。すでに大きな改善が進行中です。

1年間のスプレッド

正位置…資金面の改革には、物質面の改善が伴います。寛容で用意周到な専門家が、あなたの問題に終止符を打ってくれます。長年待ち望んでいた解決策がまもなく見つかります。

逆位置…この月は困難の多い月です。とりわけ経済的安定には厳しく、競争や障害、不愉快な知らせが殺到しそう。借金のせいで、あなたは節約と貯金に励みます。

ジプシーオラクル

感情

◆ポジション1◆　過去

正位置…健康状態は深刻な危機を脱して回復し、あなたは人生への興味を取り戻しつつあります。

逆位置…あなたは恋愛で無神経かつ身勝手にふるまってきましたが、傷つけた相手から倍返しされるでしょう。

◆ポジション2◆　現在

正位置…あなたはようやく真の不満を乗り越えようとしています。

逆位置…あなたは、気まぐれで信頼できない人の手中に陥っています。あなたはその人に嫌われていますが、それを知りたくはないでしょう。

◆ポジション3◆　予期せぬできごと

正位置…元気の出る贈り物。うれしいできごと。楽しい旅やパーティ。刺激的なイベントに集う興味深い人たち。

逆位置…ライバルがあなたのパートナーを奪おうとします。不愉快な噂があなたの耳に届くでしょう。

◆ポジション4◆　結果

正位置…昔の恋人を懐かしく思います。または、新しいすてきな恋がもうすぐ始まりそうです。

逆位置…口論や裏切りのために世間の笑い種《ぐさ》になりそう。あなたの時間とエネルギーと感情は、よりよい友のために取っておきましょう。

成功

◆ポジション1◆　過去

正位置…深刻な個人的危機のために仕事や勉強ができませんでした。ふたたび取りかかる前に、医師か法律の専門家のサポートを受けてください。

逆位置…ライバルが嫉妬と無分別から、あなたを叩きのめそうとしています。

◆ポジション2◆　現在

正位置…ストレスのせいで身体の抵抗力が衰えたら、ゆっくり休暇を取りましょう。

逆位置…あなたは、とても競争が激しい冷たい職場でいやいや働いています。

◆ポジション3◆　予期せぬできごと

正位置…気楽な副業が収入の足しとなり、すこしだけ贅沢ができます。

逆位置…ねたみぶかい、または失望した同僚があなたの秘密を暴露します。同じことをやりかえしましょう！

◆ポジション4◆　結果

正位置…まだ不確かだが、未来へのよいチャンスと解決策の可能性。

逆位置…自分の目標を達成するには、計画を立て、エネルギーと時間と資本を大切にしましょう。

金銭

◆ポジション1◆　過去

正位置…無一文になってから立ち直るのは、困難で疲れます。

逆位置…腹黒い人があなたの善意につけこみ、あなたのお金を盗みました。

◆ポジション2◆　現在

正位置…資金面のチャンスをつかむべき。専門家のアドバイスを信頼しましょう。

逆位置…だれかがあなたに支援と融資を申し出ますが、隠された目的があります。

◆ポジション3◆　予期せぬできごと

正位置…現金のプレゼントか少額の融資のおかげで、あなたはピンチを脱するでしょう。

逆位置…銀行利子に関するつまらない知らせ。クレジットカードをなくさないよう気をつけてください。

◆ポジション4◆　結果

正位置…出費をあとすこし抑えれば、あなたの資金状態は許容レベルまで回復するでしょう。がんばって！

逆位置…徹底的な出費計画により、あなたはうまく難局を乗り切るでしょう。

⑩ 鎌《かま》

SICKLE

カードの意味

正位置…破局。確実さの低下。
逆位置…なにかの予期せぬ終わり。
時期…4月1日～10日
アドバイス…先延ばしを続けるよりも、破局を受け入れましょう。そこから新しい生活が始まります。

1年間のスプレッド

正位置…不愉快な感情に満ちた、困難の多い月です。だれかの説明や告白で、あなたが理想化してきた人の幻想が打ち砕かれます。破局の可能性。強制的な引っ越し。信頼と安心の喪失。

逆位置…感情的な関係が突然さえぎられ、あなたは苦しみと失望を味わいます。それは、大切な恋愛や友情かもしれません。あなたは困難に直面し、衝動的にみずからを危うくします。大きな過《あやま》ちを犯したのなら、代価を支払うとき。当然の報いです。

ジプシーオラクル

感情

◆ポジション1◆　**過去**

正位置…あなたは多くのつらい経験をして、立ち直るのは厳しそうです。自尊心の喪失。不信。心のむなしさ。

逆位置…愛する人にした過ちの代価をあなたはいまだに支払っています。

◈ポジション2◈　**現在**

正位置…あなたとパートナーは、たがいに異なる願いや関心を抱き、心が離れつつあります。

逆位置…危険な人物がいます。なるべく早く追い払いましょう!

◈ポジション3◈　**予期せぬできごと**

正位置…パートナーからの予期せぬ告白で、あなたの信頼が打ち砕かれます。

逆位置…人間関係が突然ある結論に達しますが、あなたにはまだ心の準備ができていません。

◈ポジション4◈　**結果**

正位置…カップルをつなぎとめようとする努力にもかかわらず、運命は二人を別れさせようと決めたようです。不可能なことに抵抗しないでください。

逆位置…あなたが口説こうとしている相手は、悲惨だとわかるでしょう。

成功

◈ポジション1◈　**過去**

正位置…野心から受け入れた異動は逆効果でした。

逆位置…予期せぬ契約妨害のために計画が台無しになりました。

◈ポジション2◈　**現在**

正位置…仕事で失望を味わい、自信とやる気を失います。

逆位置…高すぎる目標を掲げると、敗北感やひどい失望を味わうでしょう。

◈ポジション3◈　**予期せぬできごと**

正位置…信頼していた同僚の異動により、あなたは意気消沈します。

逆位置…重大な不注意のせいで、あなたは職を失うかもしれません。

◈ポジション4◈　結果

正位置…能力に見合わない野心のせいで挫折するでしょう。

逆位置…悲惨なプロジェクト。いい加減なパートナーに気をつけてください。

金銭

◈ポジション1◈　過去

正位置…信頼の裏切りによる金銭の喪失。盗み。わな。

逆位置…必ずしも誠実とはいえない長年の取引のあと、支払いをする時期です。罰金や税金の支払い。

◈ポジション2◈　現在

正位置…旅行や引っ越しには予想以上にお金がかかるでしょう。

逆位置…わなでもしかけられていない限り、本当にしてはうますぎる投資の提案。

◈ポジション3◈　予期せぬできごと

正位置…家族の告白で、あなたの口座からお金が消えていたわけがわかります。

逆位置…重大な判断ミス。予期しない株価の下落。

◈ポジション4◈　結果

正位置…海外との交渉はかならず失敗します。

逆位置…不誠実な男性からの役に立たないアドバイス。わずかな融資に対する高いリスク。危険なギャンブル。

⑪ ほうきと鞭《むち》

BROOM AND WHIP

カードの意味

正位置…無理解。無益な話し合い。
逆位置…中傷。棚上げしている法律問題。
時期…4月11日～20日
アドバイス…ゴシップに耳をふさぎ、そのまままっすぐ前進しましょう。他人にあなたの価値観やプロジェクトへの口出しをさせてはいけません。

1年間のスプレッド

正位置…職場でのささいな失望や口論、苦情。手が空いていて、一見すると協力的な若い同僚を信用しないでください。その人はあなたよりも目立とうとして、多くの問題を引き起こします。

逆位置…未解決の法的問題のために仕事や事業がストップしそう。あなたの努力にもかかわらず、この月いっぱい仕事は前進しません。優柔不断は危険。職場でのごまかしと噂。

ジプシーオラクル

感情

◆ポジション1◆ 過去

正位置…無益な議論から生じた誤解が、次第に大きくなりつつあります。

逆位置…魅力的だが落ち着きがなく頼りないパートナーに、若干のいら立ちを覚えます。優柔不断は災いを招くでしょう。

◆ポジション2◆ 現在

正位置…あなたにふさわしくない相手との関係が生まれつつあります。考え直しましょう！

逆位置…実務的または法的な問題から、結婚式や同居の時期が遅れます。責任と束縛に対する恐れ。

◆ポジション3◆ **予期せぬできごと**

正位置…パートナーの気まぐれにイライラしそう。パートナーの浪費についての話し合い。

逆位置…情熱的な甘えん坊が、あなたの平和な生活をめちゃくちゃにします。

◆ポジション4◆ **結果**

正位置…パートナーとの関係を乱すほどではない、ささいな誤解や無益な議論。

逆位置…ライバルに人間関係を台無しにされ、憂うつで無気力になるでしょう。

成功

◆ポジション1◆ **過去**

正位置…あなたは上司に異議を唱え、仕事上の関係に終止符を打ちました。

逆位置…性急な行動による、あるいは逆に無気力と無関心による失敗。

◆ポジション2◆ **現在**

正位置…気の滅入るような仕事の雰囲気。厳格さは場違い。

逆位置…不誠実なライバルが、あなたの後釜を狙っています。

◆ポジション3◆ **予期せぬできごと**

正位置…最初はばかげた要求に思えたことが、賢明な出発点だったことが明らかになりました。

逆位置…事情が明らかにされないまま、突然あなたの仕事が中断されました。

◆ポジション4◆ **結果**

正位置…未熟な若い同僚のせいで若干の問題が生じます。

逆位置…あなたに関するよからぬ噂が立ち、大切な仕事の目標がなくなります。

金銭

◆ポジション1◆ **過去**

正位置…あなたの善意につけこんだ人のせいで、経済的損失が生じます。

逆位置…長年未解決の法的問題のために、本来なら有利に運ぶはずだったあなたの資金面の計画が中断されます。

◆ポジション2◆ **現在**

正位置…若い家族の浪費のせいで、家族に緊張が生まれます。

逆位置…決意がありすぎる、もしくはなさすぎるためにビジネスチャンスを逃します。

◆ポジション3◆ **予期せぬできごと**

正位置…笑顔の陰に激しい対抗意識を隠しているライバルに思いがけず出会います。

逆位置…ささやかな相続をめぐる思いがけない口論。

◆ポジション4◆ **結果**

正位置…資産運用に関する見当違いの批判。あと少し勇気を出せば、すべてうまくいくでしょう。

逆位置…あなたが入念に計画した仕事のプロジェクトは成功しないでしょう。激しい対抗心に直面します。

⑫ 鳥

BIRDS

カードの意味

正位置…詳しい分析。探求により新しいものの見方ができるようになる。

逆位置…一時的な不幸、または幸運。むずかしい解決策。

時期…4月21日〜30日

アドバイス…仕事の企画をじっくり検討し、十分に考えてから同意しましょう。

1年間のスプレッド

正位置…この月の重大なできごとは、仕事分野での前向きな変化です。仕事の提案や面接、約束の予定が入りそうですが、それは引っ越しや家から離れた配属先を意味するかもしれません。さまざまな変化が共同作業や仕事に影響しそうです。あなたは高く評価され、敬意を払われるでしょう。

逆位置…仕事上の不満や話し合いのために出張や会議、研修の予定が狂います。動揺していても、重要な決定は先延ばしにできません。環境や目標を思いきって変えましょう。

ジプシーオラクル

感情

◆ポジション1◆　過去

正位置…考え抜いた決断が、避けられない別れを生むことになります。故郷からの移住。

逆位置…パートナーの望みどおりに転職や引っ越しをしたものの、カップルの危機は解消されません。それどころかさらに悪化します。

◆ポジション2◆　**現在**

正位置…環境の変化が家族やパートナーとの調和を完全なものにします。誕生、または到着。

逆位置…人間関係をめぐる疑惑。むずかしい選択をこれ以上先延ばしにはできません。

◆ポジション3◆　**予期せぬできごと**

正位置…懐かしい人が、思いがけずあなたの人生に戻ってきます。

逆位置…意外なことに、いやな友人があなたの恋愛問題をなぐさめてくれます。

◆ポジション4◆　**結果**

正位置…二人の関係が末永く続く、楽しい未来。

逆位置…ストレスを感じているカップル。態度と意思の突然の変化。不安定な状態。お互いに非難しあう。

成功

◆ポジション1◆　**過去**

正位置…慎重に考えた末の引っ越し、または転職。

逆位置…緊張。思いがけない人事異動にともなう経営問題。

◆ポジション2◆　**現在**

正位置…詳しい状況分析により、新たな専門的視点が得られる。

逆位置…避けられない環境の変化に抵抗してもむだ。パートナーとの口論。

◆ポジション3◆　**予期せぬできごと**

正位置…よい知らせ。有利な契約や提案が進行中。

逆位置…出張中のイライラと妨げ。

◆ポジション4◆　結果

正位置…あなたは外国で仕事の頂点を極め、高く認められそうです。いちど考えてみましょう！

逆位置…状況が悪化しそう。

金銭

◆ポジション1◆　**過去**

正位置…海外関連の投資ですばらしい収入が得られる。

逆位置…ためらいが仇《あだ》となり、チャンスを失う。

◆ポジション2◆　**現在**

正位置…賢明な資産管理。安全な貯蓄。海外の土地を買うよいチャンス。

逆位置…神経をすり減らす株価の変動。

◆ポジション3◆　**予期せぬできごと**

正位置…経済成長。よく計算されたリスク。臨時収入。

逆位置…期待したよりも少額のお金がもらえそう。経済的な悪い知らせ。

◆ポジション4◆　**結果**

正位置…あなたのお金は信頼できる人の手にあります。安心しましょう。

逆位置…良し悪しを決断できません。あなたを苦しめている不安定な状況は、まだしばらく続くでしょう。

⑬ 少女

LITTLE GIRL

カードの意味

正位置…友人との楽しみ。愛情の獲得。楽しいけれど長く続かない関係。

逆位置…感情的な失望。信頼の喪失。

時期…5月1日～10日

アドバイス…手に入れた恋愛を楽しみましょう。ただし、真剣になりすぎないこと。運命は、あなたに別の計画を用意しています。

1年間のスプレッド

正位置…この月は、魅力的な出会いや恋の駆け引き、愛情の獲得が中心になりますが、なにひとつ明確な形にはなりません。恋がスタートしたら、気楽で夢中になりますが、長くは続かないでしょう。

逆位置…愛情面で困難な月。感情的な失望や破局、根拠のある疑惑が生じます。あなたを苦しめているのは、無邪気でかわいい顔をした偽りの人物です。

ジプシーオラクル

感情

◆ポジション1◆ **過去**

正位置…現在の独り身は、無分別で気楽なライフスタイルのせい。あなたは交際を続ける価値のある人間関係を築くことができません。

逆位置…あなたは失望を味わったあと、もはやだれも、とくに一見純真そうな若い人を信じなくなりました。

◆ポジション2◆ **現在**

正位置…あなたは恋愛や友情に夢中ですが、未来はありません。

逆位置…信頼できないうぬぼれたパートナーに対する、根拠のある疑惑。

◆ポジション3◆ **予期せぬできごと**

正位置…未熟さや気まぐれな考え、場当たり的発想による短絡的な行動。

逆位置…あなたは気まぐれで謎めいた見知らぬ人から言い寄られます。

◆ポジション4◆ **結果**

正位置…友情が愛情に変わりつつありますが、時間をかけて育みましょう。交際中のカップルに女の子が生まれます。

逆位置…自分が全面的に信頼していた人に失望するでしょう。ショックを受け止める心の準備をしてください。

成功

◆ポジション1◆ **過去**

正位置…あなたは友人と楽しい時間を過ごしている間、自分の義務を疎《おろそ》かにしていました。いま失った時間を後悔しています。

逆位置…偽善的で無能な人のために、あなたは集中できなくなりました。不当な競争。

◆ポジション2◆ **現在**

正位置…仕事が楽しくおもしろくて、あなたは幸運です。

逆位置…信頼できない、うぬぼれたチームメンバーとのコミュニケーション問題。

◆ポジション3◆ **予期せぬできごと**

正位置…出会ったばかりの女の子からとても親切にされます。

逆位置…大人げないパートナーとの突然の破局。

◆ポジション4◆　**結果**

正位置…華々しいが、長続きしない成功。あなたは満足しなければならないでしょう。

逆位置…根拠のある疑惑。親しい同僚があなたを失脚させようとしています。

金銭

◆ポジション1◆　**過去**

正位置…友人との楽しい旅行やお金のかかる楽しみが、あなたの預金残高に悪影響を与えました。

逆位置…融資する相手を間違えたために、あなたの貯金が損なわれました。

◆ポジション2◆　**現在**

正位置…あまりお金はありませんが、親しい友人との交際費を削るほど、あなたは追い詰められていません。

逆位置…無分別な出費。あなたが夢中になっている相手の気まぐれの代金を支払うために銀行口座は赤字です。

◆ポジション3◆　**予期せぬできごと**

正位置…旅行中にカジノでささやかな勝利をおさめます。でも、これきりにしてください。幸運は気まぐれなものです。

逆位置…一見信頼できそうな人が、破滅的な取引にあなたを巻きこみたがっています。

◆ポジション4◆　**結果**

正位置…不安定な経済状態ですが、あなたは幸せすぎて、まったく心配していません。

逆位置…嘘つきな人物とのとても危険な接触。わなにはまらないよう気をつけましょう。

⑭ キツネ

FOX

カードの意味

正位置…抜け目のない警戒心と行動。隠された意図。

逆位置…軽率さ。明かされた秘密。いまにも攻撃してきそうな敵。

時期…5月11日〜20日

アドバイス…他人の計画につねに気をつけてください。だれかがあなたを裏切ろうとしています。

1年間のスプレッド

正位置…実用面と財政面でとても幸運に恵まれる月。すばらしい契約、思いもよらない収入、信用の回復、罰金の回避。住宅の売買や不動産の購入と改装工事にちょうどよいタイミングです。他人の助けを借りなくても、問題がみごとに解決するでしょう。

逆位置…金銭面と仕事面で、とにかくツキのない月。大きな損害を被りそうです。あなたに隠れてなにかを企んでいる卑怯なライバルのせいで、仕事で降格するかもしれません。

ジプシーオラクル

感情

◆ポジション1◆ 過去

正位置…イベントと出会いと幸福に満ちた生活ですが、大した恋は芽生えません。あなたにとって、すべては遊びなのです。

逆位置…なんの価値観もない無謀な生活。あなたはだれかの心をもてあそびました。

◈ポジション2◈　**現在**

正位置…あなたのそばにいる人が隠れた意図を持っています。丁寧に接しながらも、目を離さないでください。

逆位置…誤解された、または認識されていない感情。

◈ポジション3◈　**予期せぬできごと**

正位置…これといった理由もなく、なんのイベントとも無関係なプレゼントは、あなたに言い寄っていた人の愛の気持ちの表れです。

逆位置…不誠実なライバルが、あなたからパートナーを奪おうとします。

◈ポジション4◈　**結果**

正位置…将来の恋愛に楽観的でいましょう。もうすぐ特別な人と出会えそうです。

逆位置…将来性のない、あいまいな話。

成功

◈ポジション1◈　**過去**

正位置…あなたは他人の支援を受けず、自分の才能と熱意だけを頼りに、人もうらやむ地位に就きました。

逆位置…契約を勝ち取るための無分別な行動と見えすいた嘘。

◈ポジション2◈　**現在**

正位置…知性と楽観主義と進取の気性により、難局がたちまち打開されます。ねたみぶかい人たちに注意してください。

逆位置…嘘つきのライバルが、秘密をばらしてあなたを傷つけようとしています。

◈ポジション3◈　**予期せぬできごと**

正位置…あなたをだまそうとした人が墓穴を掘りま

す。

逆位置…予想外だが、当然の降格。

◆ポジション4◆ **結果**

正位置…狡猾でけんか腰のライバルの策略にもかかわらず、あなたが有利な契約を勝ち取るでしょう。

逆位置…軽薄でだらしなく、時間にいい加減なせいで、あなたのキャリアが危うくなります。

金銭

◆ポジション1◆ **過去**

正位置…わずかな資金と商才という資質があれば、幸運はあなたに味方します。

逆位置…幸運が反転して、結婚の計画が台無しになりました。

◆ポジション2◆ **現在**

正位置…魅惑的な不動産投資のチャンスを逃さないで。すばやく手を打ちましょう。

逆位置…管理能力の欠如、無謀さ、軽率な出費、無頓着さゆえの未払いの請求書と罰金。

◆ポジション3◆ **予期せぬできごと**

正位置…驚き。勝利。信用の回復。大切な贈り物。

逆位置…あいまいでばかげた仕事の提案。

◆ポジション4◆ **結果**

正位置…ひそかに企まれた計画が明るみに出ます。だれも嘘はつけません!

逆位置…ギャンブル中の忘れられない最悪の失敗。

⑮ 熊
BEAR

カードの意味

正位置…性格の不一致。調停が必要。

逆位置…衝動的な言葉と行動。確執と口論。

時期…5月21日～31日

アドバイス…対立があまりにもひどければ、調停を依頼して前進しましょう。

1年間のスプレッド

正位置…この月の焦点は心です。カップル同士の激しい衝突や性格の不一致、行動方針や役割をめぐる対立により心が疲弊します。仕事のストレスや不本意な配置転換が、追い打ちをかけます。あなたはひとりきりのほうが、心穏やかでしょう。

逆位置…口先だけの意見や衝動的な言葉が引き金となり、激しい口論が起こります。恋愛関係や友情が崩壊寸前で、体調や金銭面にも悪影響が及びます。ますます閉鎖的で怒りっぽい性格になります。

ジプシーオラクル

感情

◆ポジション1◆　過去

正位置…性格の不一致により、恋愛が終わりを迎えました。愛情表現に深刻な問題。

逆位置…衝動的な行動や皮肉な言葉が、あなたのまわりのすべてを破壊しました。友人や親族との乱暴的な別れ。

◈ポジション2◈　現在

正位置…恋愛には魅力を感じません。あなたがほしいのは、心の平和と孤独です。

逆位置…価値観がまったく異なるせいで、パートナーとあからさまに対立します。

◈ポジション3◈　予期せぬできごと

正位置…事実を並べる口先だけの意見のせいで、すでにギクシャクしているパートナーとの関係が危うくなります。

逆位置…パートナーとの激しい口論で、皿が飛ぶでしょう。

◈ポジション4◈　結果

正位置…恋愛関係を続けるには、献身と意欲が必要。疲労と退屈による別れ。

逆位置…けっしてうまくいかない恋愛関係。

成功

◈ポジション1◈　過去

正位置…妥協を受け入れられず、不愉快な変化を強いられました。

逆位置…衝動的に選んだ不向きな仕事や勉強が、あなたの不満を表面化させます。

◈ポジション2◈　現在

正位置…完璧主義者や愚痴っぽい同僚の協力が得られません。

逆位置…基本方針を巡って同僚とあからさまに対立します。敵対的で競争が激しい職場環境。

◈ポジション3◈　予期せぬできごと

正位置…つらい異動。役割の変化にストレスを感じる。

逆位置…あなたの計画に思いがけない障害が起こり、危機に陥ります。

◆ポジション4◆　結果

正位置…高いリスクをものともせず手に入れた成功。

逆位置…性急な計画は失敗します。自分自身が疑問を感じていては、だれも納得させられません。

金銭

◆ポジション1◆　過去

正位置…明晰な思考と良識の欠如のために家族の貯金を浪費します。遺産を失います。

逆位置…自分が与えた損害を賠償するのに多額の費用がかかります。

◆ポジション2◆　現在

正位置…家や家具などの耐久消費財の請求書や分割ローンのために、支出が収入を超えます。

逆位置…あなたは気軽に稼げる仕事に魅力を感じ、大きなチャンスを夢見ていますが、義務と責任を果たしていません。

◆ポジション3◆　予期せぬできごと

正位置…招待やビジネスディナーに大金がかかります。身だしなみを整えるために必須の費用。

逆位置…家や車の修理に予想外のお金がかかります。

◆ポジション4◆　結果

正位置…資産の節約や貯蓄ができず、預金残高がマイナスに。借金や住宅ローンの返済問題。

逆位置…ギャンブルや貪欲な取引の誘いに注意しましょう。決断を誤る恐れがあります。

⑯ 星

STARS

カードの意味

正位置…よい仕事仲間。勇気づけられる結果。浮気者。

逆位置…退職。深刻だが乗り越えられる障害。むだ。

時期…6月1日〜10日

アドバイス…前向きに考えましょう。楽観的でいれば、問題は半減します。

1年間のスプレッド

正位置…この月の重要なできごとは、感情に関係しています。あなたは正しい戦略を見つけだし、その成果が次々と表れています。招待、贈り物、愛する人との楽しいひととき。幸運があなたの隣で輝いています。ひと息ついて、それを楽しみましょう。

逆位置…あなたの恋愛目標は思った以上に達成がむずかしく、忍耐が必要です。意中の人もあなたになにかを感じていますが、恋が始まるには、まだ機が熟していません。愛と時間をむだにせず、なによりも一生のチャンスを逃さないよう注意しましょう。

ジプシーオラクル

感情

◆ポジション1◆　過去

正位置…あなたは特別な人に出会い、心を奪われました。

逆位置…一連の問題やむだにしたチャンスが、美しい恋愛に暗い影を投げかけました。

◆ポジション2◆　現在

正位置…あなたの意中の人が、促すような合図を送っています。アタックを続けましょう。

逆位置…障害と妨げは重要なサイン。続ける前によく考えましょう。

◆ポジション3◆　予期せぬできごと

正位置…あなたは出会ったばかりの人から招待されたり、関心を示されたりして、驚くでしょう。

逆位置…予期しないできごとのせいで、あなたが関心を抱いている人が立ち去ります。

◆ポジション4◆　結果

正位置…忍耐が報われ、恋が始まります。

逆位置…予想どおり、あらたな障害と疑惑が生じます。冷静かつ忍耐強く立ち向かいましょう。

成功

◆ポジション1◆　過去

正位置…あなたはすばらしい成果を上げ、達成したレベルを維持したいと思っています。

逆位置…妨げと遅れのために、あなたは時間とチャンスをむだにしました。

◆ポジション2◆　現在

正位置…あなたは苦労も多いながら、それに見合う商取引を手がけています。

逆位置…預金残高に注意して。あなたはチャンスや時間、お金を失いつつあります。

◆ポジション3◆　予期せぬできごと

正位置…思いがけず環境や上司、役割が変わり、新しいものの見方ができるでしょう。

逆位置…予想外の人事異動で問題が生じますが、あなたには心の準備ができていません。

◆ポジション4◆　結果

正位置…大成功をおさめます。思いがけない幸運が、あなたをさらなる高みに導きます。

逆位置…努力したにもかかわらず、あなたのプロジェクトは暗礁に乗り上げます。失敗についてよく考えましょう。

金銭

◆ポジション1◆　過去

正位置…あなたはすばらしい投資を行ない、自信をつけました。

逆位置…戦略的な失敗により、あなたは貯金の一部を失いました。

◆ポジション2◆　現在

正位置…あなたはとてももうかる取引やビジネスを行なっています。

逆位置…一見すると魅力的な取引に障害が現れます。

◆ポジション3◆　予期せぬできごと

正位置…賞金や遺産が手に入り、預金口座がいっぱいになります。

逆位置…出費を受け入れなければなりません。

◆ポジション4◆　結果

正位置…あなたが考えている投資は成功します。

逆位置…商取引や詐欺《さぎ》、不正行為による多額の損失。

⑰ コウノトリ

STORK

カードの意味

正位置…妊娠。出産。友人や親族に会うこと。

逆位置…むだな待ち時間。計画の妨害。決定の延期。

時期…6月11日～20日

アドバイス…あまり先走らず、自分が本当に望むものを辛抱強く待ちましょう。

1年間のスプレッド

正位置…この月は、楽しい恋愛、家族パーティ、旧友との再会、思い出をたどる旅が中心となります。出産のすばらしい瞬間。子どもたちとの調和。目新しいもの。

逆位置…恋愛問題に専念する時期。すてきなラブストーリーが外部の圧力に妨げられます。とりわけ恋の相手がすでに結婚していたり、権威ある一族の出身だったりすると風当たりが強まります。決定的な選択がまたもや延期されます。カップルの予定が邪魔されたり、遅れたりします。

ジプシーオラクル

感情

◆ポジション1◆　過去

正位置…カップルの危機がぶじ解決されました。

逆位置…あなたは愛する人の決断をむだに待ちつづ

け、貴重な時間を浪費しました。

◈ポジション2◈　現在

正位置…あなたは長期間の不在のあと、家に帰るところです。旧友との同窓会。招待と相互訪問。

逆位置…結婚式の延期による不満。妊娠を望んでいるが、うまくいかない。不妊。つらい感情。

◈ポジション3◈　予期せぬできごと

正位置…楽しい目新しさ。婚約。出産。待ち望んだ妊娠。

逆位置…落ち着きがなく無責任な人が冒険を求めて起こすトラブル。

◈ポジション4◈　結果

正位置…願望の実現。末永く続く円満な関係。淡い色の髪をした人との完全な理解。

逆位置…既婚者との成就不可能な関係。不幸。孤独な恋愛感情。

成功

◈ポジション1◈　過去

正位置…あなたは学業または若者向けの労働体験のために、家から遠く離れた場所にいました。

逆位置…むだに待ちつづけた支援やプロジェクトの中断、約束の延期のために、成功への道がふさがれました。

◈ポジション2◈　現在

正位置…とても有力な金髪*の女性の支援のおかげで、あなたはまさに適任の仕事をしています。

逆位置…良心の呵責を感じないライバルに気をつけて。あなたの信頼が傷つけられ、プロジェクトを横取りされます。

*（訳者注）日本では髪を染めている人と解釈してもかまいません。

◆ポジション3◆ **予期せぬできごと**

正位置…予想外の地位。本社か家に近い支店に戻ることを希望する。

逆位置…不当な批判のせいで熱意がそがれる。

◆ポジション4◆ **結果**

正位置…雰囲気のよい職場環境。協力。同じ価値観をもつプロジェクトグループ。

逆位置…昇進の延期。エネルギーのむだづかい。苦い失望が待っています。

金銭

◆ポジション1◆ **過去**

正位置…海外からの、または海外勤務中のかなりの収入。

逆位置…海外でのお金の喪失、または浪費。

◆ポジション2◆ **現在**

正位置…ファミリーパーティで楽しく使われたお金。家を飾りつけるための購入品。

逆位置…家の飾りつけとパーティのための無分別で過剰な出費。

◆ポジション3◆ **予期せぬできごと**

正位置…優美な金髪*の女の子への贈り物または長期の融資。

逆位置…回復できない信用。地味な若い女性があなたに隠れて不正なことを企んでいます。

*(訳者注) 日本では髪を染めている人と解釈してもかまいません。

◆ポジション4◆ **結果**

正位置…物質的に満足な状態のおかげで、好き勝手なことができます。旅行の出費。

逆位置…財政のひっ迫。予期しない事情により、交渉が中断する。

⑱ 犬

DOG

カードの意味

正位置…末永い友情。忠実。サポート。

逆位置…孤独。自分をあわれむ。決断できない

時期…6月21日～30日

アドバイス…あなたは全面的に信頼できるよい友人たちに囲まれています。自分をあわれむのはやめて立ち上がり、人生を享受しましょう。

1年間のスプレッド

正位置…この月は、心に注力する月。パーティや招待、同窓会などがある楽しい帰省をするでしょう。昔の恋人と再会し、ふたたび心がときめくかもしれません。複雑な恋愛問題が意外にあっさり解決しそう。

逆位置…心の傷から人間不信で攻撃的になり、ひとり孤独に過ごす期間。あなたは愛情あふれる言葉をかけられると、ふたたび関わりあうのを恐れて守りに入り、ささいな障害で逃げ出してしまいます。でも、心を閉ざして自分をあわれむ態度は逆効果です。

ジプシーオラクル

感情

◆ポジション1◆ **過去**

正位置…大きな自己変革で、愛に対する態度が変化

しました。

逆位置…悲惨な経験をしたあと、みずから孤独を選び、皮肉な態度をとるようになりました。

◆ポジション2◆ 現在

正位置…まだ運命の人に出会っていなくても、あなたには頼れる友人ややさしい家族がついています。

逆位置…あなたは動揺して落ち着かず、自分を守ろうとむきになり、だれも信じようとしません。自己憐憫《れんびん》は危険です。

◆ポジション3◆ 予期せぬできごと

正位置…家族との楽しいイベントのおかげで、当初から予定していた帰省が早まりそうです。

逆位置…感情的な混乱やライバルへの劣等感から、無分別な行動をとります。

◆ポジション4◆ 結果

正位置…真の愛は、すぐそこです。もしあなたにパートナーがいれば、それは、健康でバランスのとれた子どものいる幸せな家庭を意味します。

逆位置…あなたは危険を冒すことができず、安心だという理由だけで自分の殻に閉じこもり、みずから苦労を背負いこんでいます。

成功

◆ポジション1◆ 過去

正位置…やりがいのある仕事のおかげで、あなたはいやな感情的状況を乗り越えました。

逆位置…自己憐憫や不信感、危険を冒すことへの恐れのために、新たなプロジェクトがすべて台無しになりました。

◆ポジション2◆ 現在

正位置…高い報酬の仕事と誠実な友人のおかげで、あなたは悪い噂を打ち消し、傷ついたイメージを回復します。

逆位置…克服できるが苛立ちを感じる困難や障害。仕事上のライバル。

◈ポジション3◈ 予期せぬできごと

正位置…予想外の計画実現。望外の高い評価。

逆位置…突然、感情の嵐に襲われます。後悔しかねない無分別な行動をとるリスク。

◈ポジション4◈ 結果

正位置…有力な友人のおかげで、成功と安全と幸福があなたの地元で保証されるでしょう。

逆位置…態度を明確にして全力で取り組むことを拒んだ結果、あなたは一流のキャリアからはずされます。満足してはいるが、華々しくはない仕事。

金銭

◈ポジション1◈ 過去

正位置…献身的な友人のおかげで、厄介な金銭問題を解消できるでしょう。

逆位置…選択を誤ったために多くのお金をむだにします。

◈ポジション2◈ 現在

正位置…あなたのニーズにあった報酬。臨時収入があり、ディナーや買い物、パーティなど、多少のぜいたくができそう。

逆位置…物質面の障害やささいな困難にあまり時間をとられすぎないで。

◈ポジション3◈ 予期せぬできごと

正位置…予想外の利益。思いがけない幸運。旅行の賞品。自由に使えるボーナス。

逆位置…見かけ倒しの有利な提案。同意する前に慎重に検討しましょう。

◈ポジション4◈ 結果

正位置…幸せの共有。健全な身体と経済状況。穏やかな家族。時間をかけて団結する。

逆位置…よい業績。大混乱や障害、ライバルを克服する。

⑲ 塔

TOWER

カードの意味

正位置…頭脳明晰。客観性。分析。別れ。

逆位置…受け入れられない真実。危険な経験。

時期…7月1日～10日

アドバイス…たとえつらくても、まもなく明らかにされる事実を拒まないでください。状況を解決するには、真実を知らなければなりません。

1年間のスプレッド

正位置…この月の心配ごとは、お金に関すること。あなたの銀行残高は少しずつ減っています。損失を抑え、これ以上事態を悪化させないために、よいアドバイザーが必要です。だまされる危険。株価の下落。

逆位置…あなたは減っていくお金のことだけでなく、愛する人との関係や外の世界の危険も心配しています。自分が無力で見捨てられたように感じ、復讐を計画するでしょう。

ジプシーオラクル

感情

◆ポジション1◆　過去

正位置…恋愛を容赦なく分析した結果、あなたは誇り高い孤独を選びました。

逆位置…つらい経験があなたをたくましくしました。

嫌悪感。復讐願望。

◈ポジション2◈　現在

正位置…あなたは孤独を感じていますが、恋愛関係に関するリスクと妥協を恐れています。

逆位置…悲しみ。無気力。危機感。あなたは孤独を感じ、見捨てられるのを恐れています。

◈ポジション3◈　予期せぬできごと

正位置…感情的な不満を解消するためにアドバイスを受けましょう。

逆位置…愛する人との旅行が直前になって延期されます。

◈ポジション4◈　結果

正位置…あなたは今もこれからも孤独でしょう。合理的に考え、自分の状況と折り合いをつけてください。

逆位置…あなたはまもなく悲しみや失望、見捨てられることを味わいそうです。

成功

◈ポジション1◈　過去

正位置…あなたは明晰な思考と自制心で人生に立ち向かっています。それが、学業やビジネスで有利に働きました。

逆位置…あなたの知らないところで企まれた策略のために、あなたは不安になり、他人からの尊敬も奪われました。

◈ポジション2◈　現在

正位置…仕事で重大な問題が起こり、あなたの自信が揺らぎます。

逆位置…今の仕事はあなたに合っていません。そのためにあなたは悲しく無気力になり、やる気も出ません。変化の見込みはありません。

◈ポジション3◈　予期せぬできごと

正位置…状況の悪用と崩壊により、あなたの計画の基盤が破壊される恐れがあります。

逆位置…魅力的な仕事の提案が、詐欺まがいで危険なことが判明します。間違った措置と復讐に気をつけてください。

◆ポジション4◆　**結果**

正位置…あなたは冷静に仕事の問題に立ち向かい、それを克服するでしょう。

逆位置…改善の見込みはありません。あなたが望む変化は実現しそうにありません。

金銭

◆ポジション1◆　**過去**

正位置…金融市場を客観的に分析することで、市場の動向を把握し、間違った戦略をとらずにすみました。

逆位置…あなたは高く評価していた人にだまされていましたが、それを認めようとしません。

◆ポジション2◆　**現在**

正位置…あなたは資金の選択に関してほかに取る手がなく、市場の流れに合わせています。悪用されないよう注意してください。

逆位置…資金と家族の体調について根拠のある不安。悲しみ。介入は不可能。

◆ポジション3◆　**予期せぬできごと**

正位置…株価の変動に対応するには、柔軟性と順応精神が必要です。

逆位置…不安や恐れ、感情の変動のせいで、あなたはよい提案を受け入れられません。

◆ポジション4◆　**結果**

正位置…その道の専門家のアドバイスに従えば、破《は》綻《たん》を免れるでしょう。

逆位置…提案された取引は、信用できないことがわかるでしょう。あなたは孤独でなすすべがなく、利用されたように感じます。

⑳ 庭園
GARDEN

カードの意味

正位置…ビジネスの始まり。招待。恋人との待ち合わせ。

逆位置…幸運に影を落とす。幸運の遅れ。守るべき重大な秘密。

時期…7月11日～20日

アドバイス…自分がすることにもっと勇気と熱意を注げば、すばらしい成果が上がるでしょう。

1年間のスプレッド

正位置…あなたのエネルギーはすべて仕事に注がれ、一連のすばらしい計画が実現を待っています。少なくとも何日かは休みましょう。くつろいだ休暇で、あなたはもとどおり元気になれます。

逆位置…意見の対立、原因の究明、書類の紛失で、重要な仕事が妨げられる恐れがあります。あなたは扱いのむずかしい仕事上の秘密を保持し、ささいなことでも混乱を引き起こしかねません。

ジプシーオラクル

感情

◆ポジション1◆ 過去

正位置…既婚者とのひそかな愛があなたの運命を変えました。

逆位置…大きな失望を味わい、結ばれてはいけない人との関係を苦々しく思っています。秘密に気が滅入ります。

◆ポジション2◆　現在

正位置…傷ついた感情の回復。芸術的刺激や音楽、自然の力が、あなたの自己発見を助けてくれます。

逆位置…感情的な危機。幻想。あきらかな理由もなく、パートナーとの計画が行き詰まるか、自然消滅します。

◆ポジション3◆　予期せぬできごと

正位置…小さな楽しみや励ましの招待、田舎での散歩が、失望をやわらげてくれます。密会。

逆位置…不快なできごとや思いがけない出会い、一見つまらなさそうなイベントが家族の平和を乱します。

◆ポジション4◆　結果

正位置…平和の完全な回復。あなたは最悪の時期を脱し、家族や友人の助けのおかげでふたたび安らぎを見つけるでしょう。

逆位置…幸せに影が落ちます。回復するまで辛抱強く待ちましょう。

成功

◆ポジション1◆　過去

正位置…仕事や勉強に専念したおかげで、あなたは人もうらやむほどの地位に就きました。

逆位置…野心的なプロジェクトが反対や行政の評価を受けて、不意に行き詰まります。

◆ポジション2◆　現在

正位置…すでに進行中のビジネスが利益を生みつつあります。すてきな休暇を楽しめます。

逆位置…大切なものか書類を紛失し、順調にスタートしたプロジェクトが脅かされます。

◆ポジション3◆　予期せぬできごと

正位置…すばらしいひらめきや発見があなたの人生を変えます。スポンサーを探しましょう。

逆位置…出張中の混乱や妨げ。

◈ポジション4◈　**結果**

正位置…お疲れさまです！　あなたが始めたプロジェクトは成功するでしょう。

逆位置…非難。単調さ。合意の欠如。決着したようにみえたことのために苦労するでしょう。

金銭

◈ポジション1◈　**過去**

正位置…ビジネスの成功による金銭的な調和。

逆位置…罰金、課税査定、不名誉。これは昔犯した過ちの代価です。

◈ポジション2◈　**現在**

正位置…破綻したあと、ゆっくりだが確実に回復します。

逆位置…パートナーへの不信と意見の不一致により、有利な取引が中断します。外部の圧力に対するささやかな抵抗。

◈ポジション3◈　**予期せぬできごと**

正位置…人里離れた平和な場所での思いがけない休暇がストレスをやわらげます。

逆位置…不適切なアドバイスや秘密が表面化し、取引の条件がくつがえされます。

◈ポジション4◈　**結果**

正位置…仕事がうまくいき、金銭問題が解決するでしょう。

逆位置…気のゆるみやパートナーへの根拠のない疑惑が、あなたが関心を持っていた取引を台無しにします。

㉑ 山
MOUNTAIN

カードの意味

正位置…世に出たいという願望。野心。取引をまとめる。入会。

逆位置…むだな試み。取り除けない障害。

時期…7月21日～31日

アドバイス…他人と足並みをそろえて、あなたの野望を実現しましょう。やりすぎは挫折のもとです。

1年間のスプレッド

正位置…あなたは世に出たがり、自分の野心的なプロジェクトを最後までやり抜こうとしています。仕事に専念しましょう。でも、うまく仕事をこなせば、恋人や友人、フィットネスのための時間もつくれます。大きな評価と支持が得られそうです。

逆位置…誠意を尽くしたにもかかわらず、プロジェクトが失敗します。好ましくない環境であなたは孤軍奮闘しています。疑いをもつのも当然です。

ジプシーオラクル

感情

◆ポジション1◆ **過去**

正位置…あなたは誠実で確かな関係を築いたことで、感情的な願望を達成しました。

逆位置…外部の脅威や実務的な問題に直面して、確かだと信じていた関係が空虚だったことに気づきました。

◆ポジション2◆　現在

正位置…あなたは危機のあとに家族と和解し、謙虚な姿勢で関係を修復しました。

逆位置…超えられない障害。あなたが恋している人は、あなたを拒否し続けます。

◆ポジション3◆　予期せぬできごと

正位置…茶色い髪の誠実な人が突然訪れます。あたたかいもてなし。感謝。

逆位置…茶色い髪の人に信頼を裏切られます。

◆ポジション4◆　結果

正位置…あなたが茶色の髪の人と幸せで末永い絆をむすぶ条件はすべて整っています。

逆位置…既婚者との関係の破局。無気力。後悔。孤独。

成功

◆ポジション1◆　過去

正位置…商談が成立し、あなたの払った犠牲が報われるでしょう。

逆位置…手ひどい敗北を喫し、戦略の変更を強いられます。避けられない犠牲。

◆ポジション2◆　現在

正位置…意欲、手法、一貫性は、とっておきの切り札です。あなたは勉強や仕事ですばらしい成果をおさめます。

逆位置…満足できない専門的活動と好ましくない環境。必死で目指した目標《ゴール》は、絶壁のようなところでした。

◆ポジション3◆　予期せぬできごと

正位置…他人から高い評価を受け、あなたはさらなる高みを目指してがんばります。競争的ではない野望。

逆位置…予期しない法的問題。事態が複雑になり、安定化が求められます。根拠のある疑惑。

◈ポジション4◈　結果

正位置…入念な準備とよい物理的条件のおかげで、あなたはたちまち大出世するでしょう。

逆位置…不当だが、避けられない敗北。危機に見舞われたあと、最初からやり直すしかありません。

金銭

◈ポジション1◈　過去

正位置…度重なる犠牲をともなう物質的な満足。根気よく貯め、勇気を出して再投資しましょう。

逆位置…大きな犠牲。けちと紙一重の極端な倹約。

◈ポジション2◈　現在

正位置…融資により問題が解決します。信用が回復するでしょう。

逆位置…信頼できない商談。確信のない投資。複雑な状況に対する法的検証。

◈ポジション3◈　予期せぬできごと

正位置…大きな予期せぬ成功をおさめ、あなたはさらにリスクを冒すでしょう。

逆位置…貧しい若者への無茶な融資。

◈ポジション4◈　結果

正位置…確実な収入。商談はぶじに終わります。ただちに投資し、前進しましょう。

逆位置…むだな試み。取り除けない障害。敗北は確実。

㉒ 道
PATH

1年間のスプレッド

正位置…あなたは断固とした仕事上の選択をしようとしています。リスクを伴いますが、正しい選択です。地位の承認。出張。みごとな成功。

逆位置…尽力したにもかかわらず、あなたが推進しようとしていたビジネスは失敗か、足踏み状態になるでしょう。あなたをのけ者にしようと企んでいる口のうまい人たちに囲まれています。妥協の拒否。

カードの意味

正位置…断固とした選択。ビジネスの始まり。

逆位置…中断。妥協。教訓を受け入れる。

時期…8月1日～10日

アドバイス…いますぐ決めなければならないことに時間をかけすぎないでください。

ジプシーオラクル

感情

◆ポジション1◆ 過去

正位置…あなたは新しい愛を受け入れることに決めました。離婚後の二度目の結婚。

逆位置…妥協を受け入れられず、愛する人と別れることになりました。

◆ポジション2◆ **現在**

正位置…あなたはようやく軌道に乗ったと感じています。お気楽な金髪*の同伴者。

逆位置…あいまいな態度をとる人、または敵意のある人があなたをのけ者にしようとしています。不当なうわさ。

*(訳者注) 日本では髪を染めている人と解釈してもかまいません。

◆ポジション3◆ **予期せぬできごと**

正位置…突然の旅行。外国人とのワクワクする出会い。愛のメッセージが間もなく届きます。

逆位置…度を越した魅力的な提案。きわめて官能的な体験。

◆ポジション4◆ **結果**

正位置…人生があなたに二度目のチャンスを与えてくれます。愛する人があなたを幸せにしてくれるでしょう。

逆位置…計画の妨げ。結婚や結婚式の延期。受け入れられる妥協。新しいこと。

成功

◆ポジション1◆ **過去**

正位置…思いきった職業的選択。伝統を重んじることが大切です。

逆位置…ひと息ついてアイデアをまとめ、新たな方向を決めるために立ちどまる必要があります。

◆ポジション2◆ **現在**

正位置…リスクはあるがすばらしい商談が、あなたに地位または待望の承認を保証します。

逆位置…口のうまい野心家が、あなたの邪魔をしようと企んでいます。

◆ポジション3◆ **予期せぬできごと**

正位置…急な出張。アポイントメントの連絡。予期せぬすばらしい勝利。

逆位置…不愉快な知らせ。噂や妥協があなたのイメージを損ないます。

◈ポジション4◈ **結果**

正位置…あらかじめ決めておいた選択が、あなたの成功を確実にします。悪評。公に認められること。若いパートナーを信頼してください。

逆位置…ビジネスの妨害。成功の遅れ。新しい提案は信用しないのが一番です。

金銭

◈ポジション1◈ **過去**

正位置…リスクのあるビジネスが、あなたに少額の投資資本をもたらしました。

逆位置…ビジネスの失敗で、無一文になりました。法的紛争による回復の遅れ。

◈ポジション2◈ **現在**

正位置…金銭的な平和。貯蓄は伝統的方法で運用されます。

逆位置…だまされたことに伴う困難な状況。目新しいものを進んで取り入れることで、あなたはリスクにさらされます。

◈ポジション3◈ **予期せぬできごと**

正位置…有利な提案。裕福な外国人からの融資。オークションでのよい買い物。

逆位置…株式市場からの不愉快な知らせ。罰金と投獄の危険。変更するべきではない。

◈ポジション4◈ **結果**

正位置…安心できる経済状況。苦労して手に入れたぜいたくを味わいましょう。でも、問題を抱えた人を無視しないでください。

逆位置…遅れのおかげで、誤った行動をとらずにすみます。パートナーがあなたの足を引っ張ろうとしています。

㉓ ネズミ

MICE

1年間のスプレッド

正位置…金銭的なややこしい問題、不安定、ミスの多い月。不十分な収入。ビジネスは崖っぷちに立たされています。不確定な賞金や融資。援助の約束は守られないでしょう。

逆位置…投資の失敗、罰金、旅行中のささいな盗難など、金銭面で大荒れの月。資金的不満やきびしい組織経営が、感情面などに不安を引き起こします。支出が収入を上回ります。

カードの意味

正位置…ビジネスの厄介な問題。ミス。偽りの友。

逆位置…策略。盗難。悪い投資。

時期…8月11日～20日

アドバイス…自分のミスを認めることが、ミスを繰り返さないための最初の一歩でしょう。

ジプシーオラクル

感情

◆ポジション1◆　過去

正位置…あなたは、楽しいけれど短い恋に失望しました。パートナーは、行き詰まっているものの正式な関係を終わらせるのを拒否しています。

逆位置…長期間の法的余波をともなう不幸な恋愛。

◆ポジション2◆ 現在

正位置…ささいな問題をめぐる家族や友人との継続的な話し合い。小さなけんかも、たび重なれば戦争になるもの。気をつけましょう。

逆位置…感情的な不安。冒険とははかない友情。

◆ポジション3◆ 予期せぬできごと

正位置…約束を破る。経済的価値の低い、目立つ贈り物。ダークブラウンの髪の子どもが不安を引き起こします。

逆位置…困っている恋人を助けるための借金または多額の預金の引き出し。

◆ポジション4◆ 結果

正位置…憤りと誤解。すべてが以前とまったく同じ。なにひとつ変化がない。

逆位置…感情的または経済的にあなたとそぐわない人に対する情熱。

成功

◆ポジション1◆ 過去

正位置…一見有力そうな人物に誘惑されましたが、約束は守られませんでした。

逆位置…あなたは自分の期待に反するのを承知のうえで、約束に同意します。避けられない失望。

◆ポジション2◆ 現在

正位置…判断ミスと偏見が、すでにややこしい状況をさらに悪化させます。

逆位置…仕事の不満が精神的なトラブルと心身の不調を引き起こします。

◆ポジション3◆ 予期せぬできごと

正位置…あなたが助けてほしいと思っていた人物は親切な善意の持ち主ですが、なんの力も持っていません。

逆位置…前進する見込みは、スタートと同時に打ち砕かれました。予期せぬ障害があらゆる試みを台無しにします。

◆ポジション4◆　結果

正位置…前向きな段階は、あなたにとって成功のように思えるでしょう。でも、ご用心を。最後に驚くべき事実が明らかになるかもしれません。

逆位置…感情が仕事に干渉します。感情と仕事の両面で失望を味わいそうです。

金銭

◆ポジション1◆　過去

正位置…身内の若年者から金銭的な援助を頼まれ、家族間での論争に発展します。

逆位置…経済的な失敗や詐欺、盗難のツケをいまだに払っています。

◆ポジション2◆　現在

正位置…臨時収入やささやかな勝利では、問題解決に不十分です。

逆位置…経営上の問題。法的トラブル。支出が収入を上回ります。

◆ポジション3◆　予期せぬできごと

正位置…ビジネスにおけるやっかいな問題。損害は海外からやってきます。

逆位置…予期せぬ不当な重い罰金。

◆ポジション4◆　結果

正位置…賞賛も非難もない、実質的に変化のない金銭面の未来。

逆位置…家族の需要に対して資金が不十分。未来に対する、根拠の確かな不安。

㉔ ハート

HEARTS

カードの意味

正位置…大きな愛。家族の幸せ。願望の成就。

逆位置…不安定。家族や仕事の問題。

時期…8月21日～31日

アドバイス…あなたのまわりにある愛情を疑わず、その愛に報い、他人にも伝えましょう。

ジプシーオラクル

感情

◆ポジション1◆ **過去**

正位置…あなたは、愛し方を教えてくれた幸せな家庭で育ちました。

逆位置…拒絶感から、あなたの心はかたくなになっています。不幸。不満。

1年間のスプレッド

正位置…愛する人たちと至福のときを過ごせる月。すばらしい恋人や頼れる家族、誠実な友人たちに囲まれ、あらゆる感情的欲求が満たされます。

逆位置…不安定で不満な感情。報われない愛情。家族との口論。不満で張りつめたパートナーとの関係。学校で問題を抱えている子ども。愛する人の長期間の不在に苦しむ。

◆ポジション2◆　**現在**

正位置…あなたは幸運にも、すばらしいパートナー、幸せな家族、健全な子どもたち、やさしい友人たちに恵まれています。期待どおりの妊娠。

逆位置…家庭でのやっかいな問題や感情的な不満、夫婦げんかが待ち受けています。

◆ポジション3◆　**予期せぬできごと**

正位置…親切で魅力的で信頼できて、あなたに高い関心を寄せている人と知り合うか、出会います。

逆位置…誘惑の失敗。性欲の欠如。仕事や家族がきっかけで、愛する人が離れていきます。

◆ポジション4◆　**結果**

正位置…あなたには、知的で裕福であなたに夢中なすばらしいパートナーがいます。

逆位置…不安定な状況。あなたは既婚者から愛されますが、その人は自分の家庭を捨てるつもりはありません。

成功

◆ポジション1◆　**過去**

正位置…上司に気に入られたこともあり、あなたはよい地位に就きます。

逆位置…幸運な異動により、悪化している関係が悲惨な状況を脱します。プロジェクトの失敗。成就しない願望。

◆ポジション2◆　**現在**

正位置…恋愛と仕事が完璧に調和する。

逆位置…仕事のために一時的に家族から離れる。孤独。悲しみ。

◆ポジション3◆　**予期せぬできごと**

正位置…すばらしい成果をもたらす仕事の約束。意図の見え透いた高価な贈り物。

逆位置…同僚はあなたを高く評価し、善意もありますが、それでもあなたを助けられません。

◈ポジション4◈　結果

正位置…あなたは人の心をつかむのが生来うまく、他人の賞賛と尊敬を集めます。

逆位置…仕事に関する決断のためにあなたは遠くに引き離され、良好だと信じていた人間関係が危機に陥ります。

金銭

◈ポジション1◈　過去

正位置…パートナーや子どもの将来のために多額のお金を喜んで積み立てています。

逆位置…好奇心から、納得していなかった提携を受け入れます。

◈ポジション2◈　現在

正位置…音楽、美容、ファッションなどの創造的活動でよい収入を得ます。

逆位置…子どもや親族を援助する場合の意見の違いや出費をめぐる夫婦げんか。

◈ポジション3◈　予期せぬできごと

正位置…親友からの融資や好意のおかげで、あなたはトラブルを脱します。

逆位置…贈り物をめぐるささいな口論。成就しない願望。尋常ではない出費だが、パートナーの気まぐれを満たすには不十分。

◈ポジション4◈　結果

正位置…裕福な恋愛相手とのすばらしい関係。なんの問題もない将来。富と利益を目指して全速力で前進する。

逆位置…不安定。変動する収入と投資。

㉕ 指輪

RING

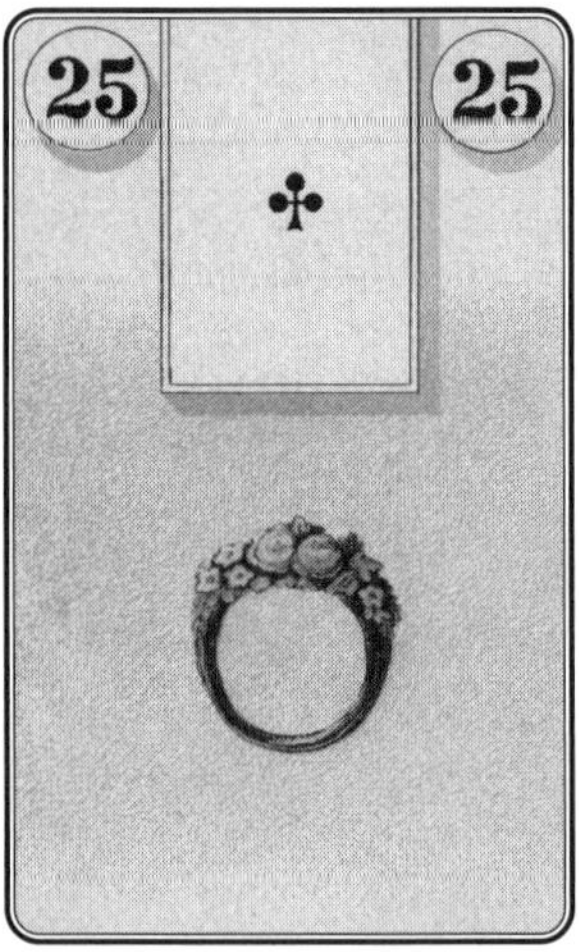

1年間のスプレッド

正位置…あなたは根本的な感情面の選択をしようとしていますが、それでも自分の感情について楽観的で、自信を持っています。楽しく目新しいことが、やっかいな状況をやわらげます。有利な契約。魅力的なビジネスチャンス。どんな障害があっても勝利をおさめる。

逆位置…あなたは、まだ心の準備ができていないことに対して感情面の決断を下すことに戸惑いをおぼえます。相手に強く惹かれ、真剣な気持ちですが、とりわけあなたが自分の思いどおりに行動できない場合や、意中の人がすでにほかの人と付き合っている場合は、周囲の強い反対にあいます。

カードの意味

正位置…結婚間近。ゆるぎない関係。有利な契約。

逆位置…優柔不断。絆の崩壊。

時期…9月1日～10日

アドバイス…ゆるぎない提案を受け入れる前に、自分自身や他人の考えを明確にしましょう。

ジプシーオラクル

感情

◆ポジション1◆

過去

正位置…ゆるぎないたしかな関係が、感情面の安定をあなたにもたらします。

逆位置…疑惑や嫉妬、根拠のない恐れが、おとぎ話のような二人の関係を破壊します。

◈ポジション2◈　**現在**

正位置…強くなる感情。根拠に基づく願望。目前にせまった家族の結婚式。

逆位置…完全に肉体的な魅力。逆境のせいで喜びがそがれます。

◈ポジション3◈　**予期せぬできごと**

正位置…尋常ではないできごとが、愛する人に関する疑惑を明確にします。

逆位置…このつかの間の幸福を存分に味わって。外部の人間がカップルに暗い影を投げかけます。

◈ポジション4◈　**結果**

正位置…よい知らせが停滞気味の状況を活気づけます。パートナーはあなたが望んだ決断を下すでしょう。

逆位置…選ぶことができない。以前の絆が別離のきっかけとなる。相反する喜び。

成功

◈ポジション1◈　**過去**

正位置…あなたを愛している人たちのサポートで、前進するか、次の段階に進みます。

逆位置…既婚者との不幸な関係が、あなたの学業やキャリアの発展を遅らせます。

◈ポジション2◈　**現在**

正位置…家族やパートナーの理解のおかげで、あなたは仕事でも最高の力を発揮します。困難を克服する。

逆位置…パートナーとの仕事の分担が原因で、わずらわしい対抗意識や役割の対立が生じます。

◆ポジション3◆　予期せぬできごと

正位置…よい知らせのおかげで足踏み状態が緩和され、あなたは快調に働けます。有利な契約。

逆位置…研修コースや予想外の出張のために長期間、家を離れることになります。

◆ポジション4◆　結果

正位置…仕事上の役割が大きくなる。キャリアの最高潮。任務が十分に報われる。

逆位置…成功を追求しすぎると、パートナーの愛と尊敬を失うでしょう。

金銭

◆ポジション1◆　過去

正位置…経済的に健全な状態。釣り合いのとれた結婚から恩恵を受ける。

逆位置…経済的な不安定が結婚や子ども、二人のための別荘の獲得に待ったをかけます。

◆ポジション2◆　現在

正位置…物質的な快適さは、身体の快適さと肩を並べて前進します。体調がよいほど、よく働き、よく稼げます。

逆位置…生活スタイルに比べてすくない収入。パートナーの要求を満たすための異常な出費。

◆ポジション3◆　予期せぬできごと

正位置…思いがけない幸運。ただちに検証すべきすばらしいビジネスチャンス。愛する人からのブランドもののプレゼント。

逆位置…ローンの支払い、借金、請求書、修理の必要なものなどの現実的な問題が、カップルの関係に影を落とします。

◆ポジション4◆　結果

正位置…困難を克服する。富。幸せが増加する。

逆位置…ささいなことながらも経済的な困難が続き、家族やカップルの感情面の幸せを脅かします。

㉖ 日記
DIARY

カードの意味

正位置…親密。秘密。楽しい思い出。
逆位置…憂うつ。後悔。良心の呵責《かしゃく》。
時期…9月11日～20日
アドバイス…長年心の中であたためてきたプロジェクトは誰にも打ち明けないで。最適なアドバイスは、自分自身への問いかけから得られます。

1年間のスプレッド

正位置…この月は、とくになにもありません。あなたは過去に思いを巡らせて、考えを整理します。頭の中にあるのは、もっぱら仕事や勉強、旅行のこと。うれしくはないけれど、有利な移動。
逆位置…困難な時期が、あなたの忍耐と自己犠牲の精神を試します。あなたが心血を注いできた野望や仕事の計画が失敗に終わります。出張中の遅れやトラブル――嫉妬深い人たちに注意してください！

ジプシーオラクル

感情

◆ポジション1◆ **過去**

正位置…終わった恋や思い出にしがみついていると、新しい人間関係が築けません。
逆位置…意気消沈や後悔、罪悪感が、終わった恋にあなたを縛りつけます。

◆ポジション2◆　現在

正位置…めくるめく恋愛は、あなたの想像の中にしか存在しません。

逆位置…自分のパートナーを理想化しすぎると、その人の本当の姿を忘れてしまうでしょう。

◆ポジション3◆　予期せぬできごと

正位置…無理強いされた旅行やだれかへの親切が、すばらしい出会いのきっかけとなります。

逆位置…たび重なる落ち込みや混乱が、カップルや家族の雰囲気に暗い影を落とします。

◆ポジション4◆　結果

正位置…浮世離れした生活をそろそろ卒業しないと、ひとり孤独に歳をとり、愛のない生活を送る羽目になります。

逆位置…カップルの未来は不確かです。計画や夢について、二人の考えが異なります。

成功

◆ポジション1◆　過去

正位置…あなたは夢ばかり追いかけて現実を忘れ、大切なチャンスを逃しました。結論が出ない。

逆位置…あなたはエネルギーと決意を極限まで注いで、野心的な目標を達成しようとしましたがだめでした。

◆ポジション2◆　現在

正位置…現在の準備段階的な経験は、明日の成功のための試練だと考えましょう。

逆位置…貪欲でねたみ深く、よそよそしい人は、実際あやしい策略を練っています。

◆ポジション3◆　予期せぬできごと

正位置…予期せぬ障害に直面したときの最高の助言者は自分の心です。やさしく決断力のある直感。

逆位置…一般市民との交流をともなう旅行やプロジェクトが、トラブルのもとになるかもしれません。

◆ポジション4◆ **結果**

正位置…あなたが人知れず真剣にあたためてきた計画や夢が実現するでしょう。考えを明確にするための長い旅。

逆位置…予定よりも遅く、または大きな代償と引き換えに達成された目標。

金銭

◆ポジション1◆ **過去**

正位置…あなたは実用面より精神面を優先し、お金の価値を過小評価しています。

逆位置…家族の金銭面でのいやな経験が、あなたに恐れを吹き込みました。恐れとビジネス感覚は相いれません。

◆ポジション2◆ **現在**

正位置…人生の現実面に対し、とことん無関心。もっぱら精神世界で生きています。

逆位置…目標を前にして、背伸びしすぎました。計画を根本的に考え直す必要があります。

◆ポジション3◆ **予期せぬできごと**

正位置…日記に日付とできごとを書き留める習慣のおかげで、知らないうちに巻き込まれていた問題から救われます。

逆位置…国内または国際的な政治的理由による株式の変動。

◆ポジション4◆ **結果**

正位置…夢と直感を利用して、大金を手に入れるでしょう。

逆位置…金銭面での野心があいまいすぎて、実現しません。ほぼ確実な失敗。

㉗ 手紙

LETTER

カードの意味

正位置…大切な知らせ。通知。

逆位置…返事がない。役に立たないメッセージ。

時期…9月21日～30日

アドバイス…警告を過小評価しないでください。あなたの計画が危険にさらされています。

1年間のスプレッド

正位置…重要な知らせや有望な提案により仕事面が活気づきますが、思いきった選択が求められます。よい変化。プロジェクトの成功。忠告を大切に。

逆位置…あなたは不安な時期にあり、心が落ち着きません。専門家の答えを待ちながらストレスがたまります。

ジプシーオラクル

感情

◆ポジション1◆　**過去**

正位置…愛する人からの手紙、または愛する人に関する手紙が、愛についてのあなたの意見を変えました。

逆位置…恋愛関係の終わりは、あなたの心に敗北感と恨みを残しました。

◆ポジション2◆ 現在

正位置…計画を実現するには、大きな犠牲を払わなければならないでしょう。

逆位置…あなたは刺激的な情事に夢中です。

◆ポジション3◆ **予期せぬできごと**

正位置…ささいな心配だけでなく、多くの喜びもあります。

逆位置…一時的な別れによる不安と意気消沈。ささいなことで感情的に反応します。

◆ポジション4◆ **結果**

正位置…あなたの恋愛関係がより深まるチャンス。あなたの影響力により、パートナーはよい方向に進むでしょう。

逆位置…あなたの愛の告白は無視されるでしょう。

成功

◆ポジション1◆ **過去**

正位置…書状や招集、予期しない就職面接が、あなたのこれまでの計画を変更します。

逆位置…あなたは、不注意と誤解から失ったすばらしいチャンスを今でも後悔しています。

◆ポジション2◆ **現在**

正位置…あなたの仕事の状況は、人がうらやむほどではないけれど、大局的に見れば進歩のチャンスを含んでいます。

逆位置…求職の申し込みに返答がない。計画の却下。希望という選択肢はない。

◆ポジション3◆ **予期せぬできごと**

正位置…なんらかの知らせが仕事の方向を変えます。

逆位置…悪い評価や不賛成、大勝負の敗北が家族に強い緊張を生じさせます。

◆ポジション４◆　結果

正位置…すばらしい成功のチャンス。謙虚に助言に従えば、あなたの才能が日の目を見るでしょう。

逆位置…敗北と不満は一時的なものでしょう。根拠のない落ち込みと不安。

金銭

◆ポジション１◆　過去

正位置…専門家のアドバイスのおかげで小さな投資を大きくできます。

逆位置…気まぐれな考えや旅行の出費が予算を圧迫します。負うべき借金。

◆ポジション２◆　現在

正位置…重要な知らせ。銀行の預金残高を分析すべき。

逆位置…融資の申し込みに対する否定的な答え。

◆ポジション３◆　予期せぬできごと

正位置…元気づける合図。ささやかな賞金。道で拾った紙幣。

逆位置…予期せぬ不愉快なできごとのせいで、すでにいいところまで話が進んでいた交渉が立ち消えになります。

◆ポジション４◆　結果

正位置…子どもや親族の学費のための投資が、満足のいくものになるでしょう。

逆位置…プロジェクトの実現か失敗かは、待ちわびていた署名次第です。

㉘ 紳士

GENTLEMAN

カードの意味

正位置…愛する男性。頼れる友人。信頼できる専門家。
逆位置…疑惑。不満足。
時期…10月1日〜10日
アドバイス…あなたのことがとても好きな親切な人を信頼しましょう。

1年間のスプレッド

正位置…この月は、幸せで楽しい月。家族の調和やパーティ、招待、家のための重要な買い物がありそうです。突然の愛の告白にあなたはドキドキするでしょう。

逆位置…疑惑、不満、ささいな誤解、感情面の不安はどれも愛情次第です。あなたは落ち着いたふりをしていますが、なにかが変わりつつあることを察し、もうすぐ関係が終わるのではないかと恐れています。

ジプシーオラクル

感情

◆ポジション1◆　過去

正位置…あなたはすでに大好きな人に出会い、その人をしっかりつかんでいます。

逆位置…あなたは過去の疑念や満たされない欲求を

持ち続けています。

◆ポジション2◆　現在

正位置…招待。おもしろそうな提案。明るい色の髪の人が書いた情熱的な手紙。

逆位置…無理強いされた喜びの空気が家に漂い、不満や誤解を隠しています。

◆ポジション3◆　予期せぬできごと

正位置…突然の家族のお祝いごと。

逆位置…不当な変化と理不尽な計画が、いつもの平穏を乱します。

◆ポジション4◆　結果

正位置…あなたが考えている感情面の状況は、よい方向に向かうでしょう。

逆位置…障害がカップルを混乱させますが、長くは続かないでしょう。保証された和解。

成功

◆ポジション1◆　過去

正位置…あなたは、学校生活と仕事を通じて協力とコミュニケーションの大切さをしっかり身につけています。

逆位置…仕事の変化があなたの心に多くの疑惑の種をまきました。うわべだけの平静と満足。

◆ポジション2◆　現在

正位置…あなたは自分の仕事に満足し、夢中で取り組んでいます。上司や同僚に敬われ、気に入られます。

逆位置…同僚との困難な時期。賞賛と非難を行き来して、移り変わる感情。

◆ポジション3◆　予期せぬできごと

正位置…信頼できる専門家からの興味深い提案。

逆位置…方向転換。建設的な計画。おもしろいアイデア。でも、どれも実現は不可能。

◆ポジション4◆　結果

正位置…興味深い提案が実を結ぶでしょう。よい方向への変化。

逆位置…とても満足できる時期が待ち受けています。でも、その状態に満足しないよう気をつけて。新しい計画を立てましょう。

金銭

◆ポジション1◆　過去

正位置…あなたは多額のお金を家に費やしました。あなたはそれを誇りに思い、自分の選択を後悔していません。

逆位置…今までの出費や投資に関する不確かさと疑念。

◆ポジション2◆　現在

正位置…金髪*の男性から提案されたよい取引。

逆位置…誤解といさかいから、あなたは事実上手中におさめていたよい取引を逃します。

*(訳者注）日本では髪を染めている人と解釈してもかまいません。

◆ポジション3◆　予期せぬできごと

正位置…芸術的あるいは創造的な活動が、気まぐれな考えや慈善活動のために活かされます。

逆位置…洋服や外見にお金を使いすぎています。家計のダイエットをして、お気に入りを減らしましょう。

◆ポジション4◆　結果

正位置…借金や不安のない平穏な経済状態。

逆位置…経済状態が良好でなくても、あなたは平和で満足しています。

㉙ 淑女

LADY

カードの意味

正位置…愛されている女性。誠実な友。強力な仲間。

逆位置…わがままな女性。うぬぼれた人。信頼できない人。ライバル。敵意。

時期…10月11日～20日

アドバイス…あなたを愛している女性（友人、母親）を信頼してください。彼女はどんなときもあなたに最善を尽くしてくれます。

1年間のスプレッド

正位置…経済的な視点から人生のさまざまな分野に影響を及ぼす大きな決断をする月です。魅力的な仕事の提案は当てにできます。公平な収入。役割の変化により、あなたと上司や同僚との関係が改善されるでしょう。

逆位置…経済に影響を与える突然の政治判断により、資金面で打撃を受けます。ギャンブルでの損失の危険。

ジプシーオラクル

感情

◆ポジション1◆　過去

正位置…あなたは、自分自身や他人と心穏やかに過ごしています。よい仲間。有益な過去の情報。

逆位置…わがままでうぬぼれた人、おそらくは大人の女性があなたの邪魔をしました。

◆ポジション2◆　現在

正位置…あなたは愛に満ちた幸せな状況を楽しんでいます。パートナーと同じ価値観やセンスをもっています。

逆位置…笑顔に隠されたはっきりしない態度とあいまいな意図。ねたみ。

◆ポジション3◆　予期せぬできごと

正位置…冒険。独身の人との出会い。驚くできごと。カップルの妊娠。

逆位置…誤解と嘘が突然発覚する。反論できるだけのまともな理由もないのに自己防衛しようとする。

◆ポジション4◆　結果

正位置…二人の関係が幸せならパートナーのそばにいることに、愛がもはやないのならパートナーと別れたおかげで、あなたは心の平和を見いだすでしょう。

逆位置…怒りと恨みが激しくなり、二人の関係が破局を迎えます。独り身の孤独と退屈。

成功

◆ポジション1◆　過去

正位置…あなたはいつでも強力な仲間を頼りにできました。

逆位置…わがままでうぬぼれた女性が、あなたの選択を操ろうとしていました。交渉の中断。あなたを目標からそらす妨害。

◆ポジション2◆　現在

正位置…上司や同僚との協調。自信。共謀。建設的な批判。

逆位置…職場での緊張とねたみ。ライバルが仕組んだ困難な状況。

◆ポジション3◆　予期せぬできごと

正位置…専門家の助けにより、罰金や制裁、役所の問題を解決できます。

逆位置…仕事上の裏切りが偶然発覚します。決然としたライバルがあなたを陥れようとしています。

◆ポジション4◆　結果

正位置…興味深いけれど、すぐには決まらない契約。とても満足のいく役割の変化。

逆位置…敵があなたよりも優位になる。不当な敗北。役割と信頼性の喪失。

金銭

◆ポジション1◆　過去

正位置…あなたを守ってくれる大人の女性との仕事上の関係。

逆位置…悪意のある女性が過去にあなたの邪魔をして、あなたを目標からそらしました。

◆ポジション2◆　現在

正位置…あなたは、有利な契約についてまだ検討を続けなければなりません。

逆位置…わがままでうぬぼれた人物が、自分の思いどおりにあなたを忙しく働かせます。

◆ポジション3◆　予期せぬできごと

正位置…芸術や文化活動に使われたお金。金髪*の女性からの役に立つアドバイス。

逆位置…うんざりするような交渉。投資と不動産の提案が却下される。激しい利害の対立。

*（訳者注）日本では髪を染めている人と解釈してもかまいません。

◆ポジション4◆　結果

正位置…収入と現金化した資産があなたの期待どおりの額になります。

逆位置…貸付金等の回収の遅れ。

㉚ ユリ

LILY

カードの意味

正位置…感情面の説明が必要。純潔。

逆位置…不妊。孤独。慎重すぎる。だれかに縛りつけられることを恐れる。逃避。

時期…10月21日〜31日

アドバイス…ためらうことなく冒険に飛びこむ前に、あるいはだれかと結婚する前にすこし立ちどまり、もう一度よく考えましょう。

1年間のスプレッド

正位置…この月は、退屈で感情がやや冷えこむ月。家族との会話が少なく、カップルも情熱的になれず、意見もまとまりません。

逆位置…慎重になりすぎて、恋愛関係が冷えこみます。見苦しい議論のあと、パートナーが急に頑固でわがままになり、悪びれる様子もありません。

ジプシーオラクル

感情

◆ポジション1◆　**過去**

正位置…外部環境があなたに純潔を強いてきました。

逆位置…感情の厳しい抑制と身を固めることへの恐れから、自分に孤独と不信を強いてきました。

◆ポジション2◆　現在

正位置…直接向き合い、誠実に説明することが、関係を維持する唯一の方法です。

逆位置…感情をほとんど表さない、厳格で冷たい家庭の雰囲気。妊娠が困難。子どもを持つことを拒む。

◆ポジション3◆　予期せぬできごと

正位置…一時的な小さな誤解とささやかな精神的浮気から、あなたは苦い思いをします。

逆位置…パートナーや親族、偉そうな態度をとる隣人との衝突。

◆ポジション4◆　結果

正位置…長年の恋愛関係や二度目の結婚に失望する。

逆位置…パートナーや家族を支配しようとして、反発を受ける。

成功

◆ポジション1◆　過去

正位置…あなたと対立している権威主義的な上司が、あなたによくない変化をもたらしました。

逆位置…あなたが強く反発した権力者や官僚から反撃を受けて制限や制裁を課され、法的論争になりました。

◆ポジション2◆　現在

正位置…ストレスと疲労から、あなたがあることをするには年齢的にきついという印象を与える。パートナーを信用しないこと。

逆位置…融通のきかない上司の妨害と不満。権力の乱用。不正。

◆ポジション3◆　予期せぬできごと

正位置…有名で実力もあるけれど、不誠実な経歴のある専門家との出会い。すぐに対策を講じるべき。

逆位置…役所との論争。罰金。不和。意欲とエネルギーの低下。

◈ポジション4◈　結果

正位置…仕事が終わる。外部環境による早期退職。

逆位置…あなたは権威主義的で権力に憧れているため、人からの好意や賞賛とは疎遠になるでしょう。病気に関連したストレス。不幸。

金銭

◈ポジション1◈　過去

正位置…あなたは諸事情により、出費を抑えるようになりました。憂うつ。倹約。

逆位置…あなたは責任やお決まりの仕事を恐れて、自由なライフスタイルを選びましたが、つねにお金に苦労しています。

◈ポジション2◈　現在

正位置…誘惑や、もうかるけれど不確かなチャンスがきっかけで、危険な考えが浮かびます。

逆位置…貯金の運用失敗による経済的損失。

◈ポジション3◈　予期せぬできごと

正位置…上司やパートナー、役人との衝突。

逆位置…用心しすぎて失った有利なビジネスチャンス。

◈ポジション4◈　結果

正位置…利益だけに基づく結婚や契約は、あなたに幸せをもたらしません。

逆位置…強欲と身勝手さがあなたを不幸にするでしょう。

㉛ 太陽

SUN

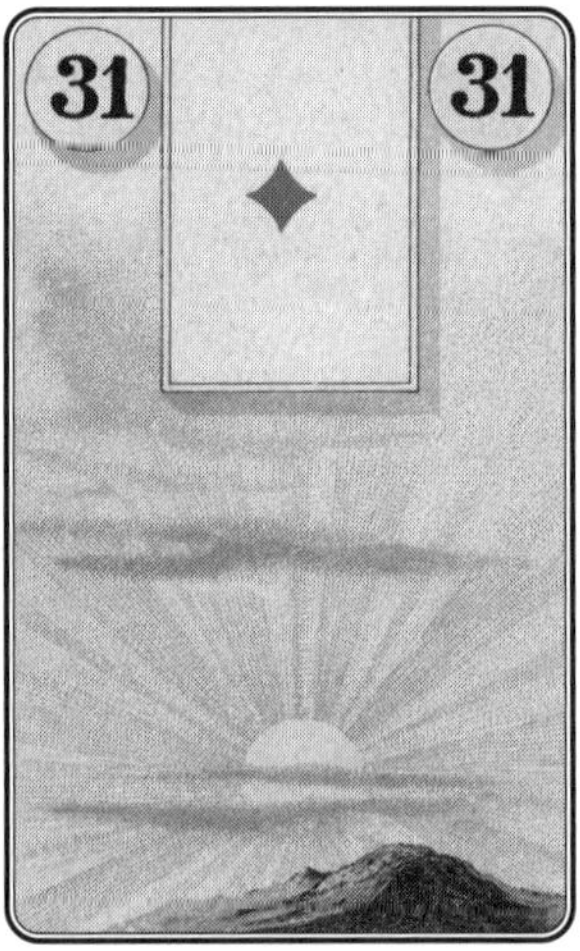

カードの意味

正位置…自分自身のチャンスを意識している。問題が解決される。

逆位置…エネルギーの浪費。熱意と楽天主義の減少。

時期…11月1日～10日

アドバイス…自分の才能に投資し、自分自身を信じましょう。

1年間のスプレッド

正位置…重大な変化があり、仕事面が活気づきます。遠方からの安心させる知らせ。有利な契約。気をそそられるビジネスの提案。

逆位置…仕事での失望や法的な敗北のあと、あなたはアイデアと熱意の不足を感じます。行き詰まることを恐れ、率先して行動しようとしなくなります。

ジプシーオラクル

感情

◆ポジション1◆　過去

正位置…あなたは愛する人を守るため、態度を明確にせざるを得ませんでした。

逆位置…興味や熱意が減少したり、心が乱れたりしたためにあなたは愛する人から離れました。

◆ポジション2◆　現在

正位置…自分自身の責任を自覚している。説明のあと、または旅行中に、家族の調和をふたたび取り戻す。

逆位置…あなたは経済的な問題と身体の不調のために愛する人に共感できず、冷淡になります。

◆ポジション3◆　予期せぬできごと

正位置…家族や遠くにいるパートナーから届く、安心させる決定的な知らせ。結婚式の案内。引っ越し。出産。

逆位置…受け入れられない手紙。パートナーがあなたのあいまいな態度にうんざりし、説明を求めます。

◆ポジション4◆　結果

正位置…純粋な幸福。家族みんなが、それぞれ自分の役割を果たす。待望の子どもの誕生。

逆位置…感情的な混乱と熱意の欠如が解消したようには見えません。カップルは低調ながら別れずにいるでしょう。

成功

◆ポジション1◆　過去

正位置…上司があなたの仕事での成長を助け、その才能を発見しました。

逆位置…あなたがいま無気力なのは、エネルギーの大きな浪費やストレス、いまだに苦しんでいる敗北のせいです。

◆ポジション2◆　現在

正位置…正義と公正を守るための職場での話し合い。団結の約束。

逆位置…やる気と関心の低下。ゴールがわかりにくく遠すぎる。無気力。

◆ポジション3◆　予期せぬできごと

正位置…重要な知らせ。有利な提案。仕事の契約。旅行のあとの有益な異動。

逆位置…遅れて届く、同意できない内容の知らせ。仕事の契約がない。望まない異動。処分。

◆ポジション4◆　結果

正位置…芸術的な仕事または政治活動。学業の修了。高い地位。当然の公《おおやけ》の評価。

逆位置…計画がうまく立てられていない、あるいは達成不可能。資金不足と関心不足から、提案が却下される。もう一度チャレンジを。

金銭

◆ポジション1◆　過去

正位置…契約により、経済的な危機が解消しました。借金の清算。貯金。

逆位置…金銭的喪失。まだ支払いが残っている不動産や土地への被害。

◆ポジション2◆　現在

正位置…文化旅行や子どもの教育、引っ越しのために周到に準備した費用。

逆位置…苦難。緊縮財政。特別な楽しみや宴会が少ない。

◆ポジション3◆　予期せぬできごと

正位置…ずっと待っていたビジネス文書。信用の回復。取引の契約。

逆位置…重要な知らせが延期されるか、取り消される。法的な敗北。

◆ポジション4◆　結果

正位置…経済的平和。展望と気前よさの正しいバランスを見いだす。

逆位置…まだ機が熟さず、営業活動が行き詰まる。プロジェクトを始める前に状況を詳しく分析すること。

㉜ 月
MOON

1年間のスプレッド

正位置…ロマンチックな愛にあふれる幸せな月。恋愛の始まり。共通の価値観やプロジェクト関連による意気投合。愛する人との小旅行。

逆位置…愛の激動期。パートナーのいる人にとっては、緊張や嫉妬、冷淡の時期。夢に浸っている独り身の人にとっては、現実とのギャップを味わう時期。

カードの意味

正位置…実現可能な夢。暴露。虫の知らせ。

逆位置…錯覚。ゆがめられた想像。破れた夢。

時期…11月11日～20日

アドバイス…出会ったばかりの人を判断するときは、自分の直感に従いましょう。

ジプシーオラクル

感情

◆ポジション1◆　過去

正位置…愛の名のもと、あなたは長い旅に出たか、人生を変える異動を受け入れました。

逆位置…ロマンチックな夢が終わりました。あなたは愛に対する失望を乗り越えられません。

◆ポジション2◆　**現在**

正位置…二人の関係は、似たようなものの見方をする、ロマンチックで仲むつまじいものですが、まだ構築中の段階です。

逆位置…信頼できない金髪*の人が原因となる冷淡、怒り、嫉妬。

*(訳者注)日本では髪を染めている人と解釈してもかまいません。

◆ポジション3◆　**予期せぬできごと**

正位置…意外な暴露。配偶者と死別または離縁した人がもたらす小さな不幸。

逆位置…予期せぬ妊娠が不安を引き起こす。

◆ポジション4◆　**結果**

正位置…末永く続く平和な人生。すばらしい子どもたち。やさしく慈《いつく》しみぶかいパートナーとの完璧な関係。

逆位置…あなたが考えている恋愛は、たんなる想像。問題となっている人物はあなたにふさわしくありません。

成功

◆ポジション1◆　**過去**

正位置…あなたは夢を実現するために懸命に働いていますが、道は長く上り坂です。

逆位置…あなたは自分に向いていない学業や仕事を選びました。失望。果たせなかった夢。

◆ポジション2◆　**現在**

正位置…共通の目標を目指す、よいチームの人間関係。非難や競争心は消えました。

逆位置…あなたは夢を実現するために戦い続けていますが、外部からの合図は元気づけられるものではありません。失望。

◆ポジション3◆　**予期せぬできごと**

正位置…遠くにいる人との仕事の連絡。予期せぬ招待。魅力的な旅行の提案。海外での職業紹介。

逆位置…未熟で無責任な人が引き起こした予期せぬトラブル。

◈ポジション4◈　**結果**

正位置…夢の実現。芸術的な仕事。悪名。従業員や協力者があなたを大いに助けてくれるでしょう。

逆位置…あなたの空想が現実を破壊しました。現実とのギャップに苦い思いをするでしょう。限界と敗北を受け入れるべきです。

金銭

◈ポジション1◈　**過去**

正位置…独立した活動や芸術的な活動のために借金や経済的問題が生じます。

逆位置…あなたは愛や夢、予期せぬ出産のために負債を負い、犠牲を払いました。

◈ポジション2◈　**現在**

正位置…ロマンチックだけど、やや自由奔放な家庭。ほとんどお金がなく、万一に備えた貯金もありません。

逆位置…ライフスタイルが現実的な許容範囲を超えています。よく考えずにサインしたローン。

◈ポジション3◈　**予期せぬできごと**

正位置…象徴的で意味深長な贈り物。やさしいメッセージ。詩。夢に出てきた数字を使い、宝くじで少額の賞金を当てます。

逆位置…予期せぬ、またはつらい妊娠のために、貯金を使い果たします。

◈ポジション4◈　**結果**

正位置…あなたは直感とすぐれたビジネス手腕により、首尾よく有利な取引を成立させるでしょう。

逆位置…愛にお金がからんでトラブルになり、あなたはそのツケを払うでしょう。

㉝ 鍵《かぎ》

KEY

カードの意味

正位置…すぐ近くにある解決策。役に立つ知識。

逆位置…閉ざされた扉。苦い失望。不可能な解決策。

時期…11月21日〜30日

アドバイス…実現不可能な計画に固執するのは無益です。すぐにコースを変更しましょう！

1年間のスプレッド

正位置…仕事面で特別な月。すべてが魔法のように偶然起こります。有力な知人のサポートとあなた自身の入念な準備のおかげで、より満足のいく仕事を見つけたり、ワクワクするような役割の変化を経験したりします。魅力的な旅。

逆位置…仕事面で失望することが、今にも起ころうとしています。おそらくそれは、あなたの解決策がどれほど賢明なものでも、今は実行不可能だから。あなたはその無力感や欲求不満を怒りや口論という形で発散するため、家族にも悪影響が及びます。

ジプシーオラクル

感情

◆ポジション1◆　過去

正位置…熱心な社交生活の結果、あなたはさまざまな恋の冒険を経験しますが、それでもまだ特別なだれかを待っています。

逆位置…あなたは恋愛に失敗し、いまだに憂うつと悲しみを味わっています。

◆ポジション2◆ 現在

正位置…愛する人の現実問題に対処するのに忙しく、ロマンチックな気分に浸るどころではありません。友人からのサポート。

逆位置…愛する人の問題や不在に対する心配、不満、無力感。

◆ポジション3◆ 予期せぬできごと

正位置…だれかの旅立ち、または帰還にともなう突然のお祝いごとや家族の再会。

逆位置…意外にもあなたはパートナーから非難と反対を受けます。計画の失敗や約束が守られないことをめぐるパートナーとの口論。

◆ポジション4◆ 結果

正位置…外国の人と幸せに結ばれる。外国の人との同棲や結婚式。

逆位置…すべてを捧げるつもりだった相手に見捨てられ、失望、不満、孤独を味わう。

成功

◆ポジション1◆ 過去

正位置…有益な知識が仕事で役に立ちました。あなたはみんなに反対されても、果敢に計画を推進します。

逆位置…苦い思い出と失望を残した計画の失敗が、今日の選択を安定させます。

◆ポジション2◆ 現在

正位置…あなたは自分の才能を発揮できる、より満足のいく仕事を探しています。願書や書類の作成。

逆位置…劣等コンプレックス。欲求不満。力不足。あなたは、実行不可能な解決策を遠回しに伝えています。

◈ポジション3◈　予期せぬできごと

正位置…すばらしい解決策がすぐそこにあります。真剣で誠実な提案。人に助けを求めなくても、問題は解決します。

逆位置…魅力的な約束のあと、目の前でドアが閉まります。サポートが否定される。

◈ポジション4◈　結果

正位置…状況は明らかに改善しています。保護と貴重な助け。会議であなたのものの見方が変わります。

逆位置…閉ざされたドア。コースの変更。

金銭

◈ポジション1◈　過去

正位置…費用のかかる法律業務。お金が返済される。

逆位置…投資の失敗や気まぐれな考えのために途方に暮れる。

◈ポジション2◈　現在

正位置…有力な友人のサポートのおかげで、資金面で主導権を握る。

逆位置…ささいな経済的問題。いらだたしい犠牲を払うが、おそらく無益。

◈ポジション3◈　予期せぬできごと

正位置…旧友との楽しい同窓会や美術観賞など文化的な旅行に有意義に使われたお金。

逆位置…予期せぬ経費。海外にいる人のための銀行為替手形。

◈ポジション4◈　結果

正位置…リスクに見合う経済的成長。海外との取引収益。

逆位置…変動的な動き。期待を下回る利益、または不確かな利益。

㉞ 魚
FISH

1年間のスプレッド

正位置…この月は、勉強や大きな仕事のプロジェクトに全力を尽くし、すばやく行動する必要があります。このまま活動を続け、異動や海外での就職を受け入れたときにのみ、成功が可能です。信用が認められる。出世。

逆位置…神経質な態度や衝動的な言動、精神錯乱が、あなたの仕事に損害を与えます。見込みのない計画に固執してもむだです。不満は避けられません。

カードの意味

正位置…行動のスピードに比例する成功。
逆位置…過度の神経質。病気。
時期…12月1日~10日
アドバイス…行動はすばやく、でも慌てずに。

隠れたライバルや偽りの友に気をつけてください。

ジプシーオラクル

感情

◆ポジション1◆　過去

正位置…あなたは昔からパートナーを知っていて、刺激的でたしかな絆を築いてきました。海外に居住する。

逆位置…二人の恋愛は、互いの嫉妬と不安のために破局を迎えました。頑固さ。

◆ポジション2◆　現在

正位置…しあわせで誠実な関係。共謀。友情。旅行。共通の楽しみ。

逆位置…あなたは、落ち着きがなく情緒不安定で支離滅裂な人に立ち向かいます。主導権をしっかり握っていないと負け犬になってしまいます。

◆ポジション3◆　予期せぬできごと

正位置…思い出の場所でのロマンチックな旅や滞在が誤解を解消し、みんなが活気を取り戻します。

逆位置…裏切り。表面化した、納得できない秘密。

◆ポジション4◆　結果

正位置…意中の人が突然、情熱的な告白とともに「応援してる」とあなたに言うでしょう。

逆位置…意中の人は魅力的ですが、軽薄で信用できません。あなたを泣かせるでしょう。

成功

◆ポジション1◆　過去

正位置…あなたは多くの旅をして、技能や経験、すてきな思い出を手に入れました。

逆位置…あなたの不安が、問題と仕事の不満を悪化させました。

◆ポジション2◆　現在

正位置…あなたは今、快適さや楽観主義、心身の豊かさを味わっています。海外の友人からのサポート。

逆位置…あなたの絶え間ない緊張が、あらゆる問題を悪化させます。精神疾患。意志力と手法の欠如。

◆ポジション3◆　予期せぬできごと

正位置…すばらしい名案が、厄介な状況を解消します。精神と身体の復活。

逆位置…パートナーや協力者の裏切り。行動指針の問題をめぐって上司と論争する。

◆ポジション4◆　結果

正位置…昇進と出世。名誉と当然の評価。刺激的なことや関心のあることに取り組む。

逆位置…支離滅裂なことをいろいろと試みるが、なにも結論は出ない。状況が不安定すぎて、核心に迫れない。

金銭

◆ポジション1◆　過去

正位置…旅行中に少額のお金を拾う、または稼ぐ。

逆位置…ずるがしこい嘘つきな人が、悲惨な取引にあなたを巻きこみました。

◆ポジション2◆　現在

正位置…盛況な経済状況。信用の回復。すばらしい収入。海外での実りある取引。

逆位置…不確かなビジネス。本当にしてはうますぎる話。衝動的な行動は慎むべき。

◆ポジション3◆　予期せぬできごと

正位置…外国貿易で知り合った人が、重要な交渉であなたを助けてくれるでしょう。

逆位置…嘘つきな相談相手がほかの人に味方するために、あなたをコースからはずそうとわなを仕掛けます。

◆ポジション4◆　結果

正位置…成功は、行動するスピードに比例するでしょう。

逆位置…勧められない商取引。リスクが利益を上回る。

㉟ 錨《いかり》

ANCHOR

カードの意味

正位置…理にかなった希望。長い間効果がある努力。

逆位置…実現しない希望。不満足な結果。

時期…12月11日～20日

アドバイス…みんなに反対されても自分の計画を続けたほうがよいでしょう。あなたは成功に必要な資質を備えています。ただ時間が必要なだけです。

1年間のスプレッド

正位置…すべてが一つにまとまりつつある、平和なとき。好きな相手の気持ちをつかむには、すこし時間がかかります。親密な友情が恋愛へと変わります。危険との遭遇。

逆位置…感情面の危機が悪化し、二人は破局寸前です。愛が終わりを迎えたら、それを受け入れ、よそに目を向けるときです。外部のできごとや受け入れられない知らせがもたらす、家族の失望と意見の不一致。

ジプシーオラクル

感情

◆ポジション1◆　**過去**

正位置…あなたは愛に苦しみ、スピリチュアルなことに心のやすらぎを見いだしました。

逆位置…あなたは失敗を犯し、いまでも後悔と罪悪感を抱えながら代価を支払っています。

◈ポジション2◈　現在

正位置…あなたは以前からある人のことを想い続けていますが、その人の心はなかなかつかめません。ゆっくり時間をかけるしかありません。

逆位置…あなたは、高圧的で息が詰まりそうなパートナーとの関係にがんじがらめになっています。それでも逃げ出さないのは、責任感を抱いているからです。

◈ポジション3◈　予期せぬできごと

正位置…贈り物やささやかな驚きが、やさしく注意深い人の関心を呼び戻します。

逆位置…カップルの危機が、二人のさまざまな相違点に終止符を打ちます。自分自身の限界を認めましょう。

◈ポジション4◈　結果

正位置…二人の充実した関係が、真剣なものになりつつあります。両想い。

逆位置…かなわない希望。期待はずれなロマンスが崩壊します。

成功

◈ポジション1◈　過去

正位置…あなたは楽観的かつ情熱的に働いていますが、成果を出すには時間がかかります。

逆位置…家族の問題や喪失のために、学業や就職活動のスピードが遅くなりました。

◈ポジション2◈　現在

正位置…働きすぎの期間。努力の成果は時間とともに明らかになるでしょう。

逆位置…仕事の遅れ。なんの活路も見いだせない威圧的な雇用に不満を抱く。

◈ポジション3◈　予期せぬできごと

正位置…器量のよさとおおらかさのおかげで、あなたのイメージが実際よりよくなり、有力者に気に入られます。

逆位置…あなた自身か家族に関する不愉快な知らせが、仕事中も頭から離れません。

◈ポジション4◈　**結果**

正位置…理にかなった希望。人もうらやむ職業的地位を徐々に獲得する。

逆位置…かなわない希望。降格または役割の変化。あなたが口を出せない会社の決定。

金銭

◈ポジション1◈　**過去**

正位置…危機一髪。だれかが企んだ詐欺行為に巻きこまれる危険がありました。

逆位置…選択を誤ったことによる経済的制約。

◈ポジション2◈　**現在**

正位置…貯蓄に関する果敢な行動。目的をもって犠牲を払う。

逆位置…健康問題や家庭崩壊など、悲しいできごとに伴う外出。

◈ポジション3◈　**予期せぬできごと**

正位置…いつもの投資がにわかにあなたの目に留まり、とても利益が上がるものだとわかります。

逆位置…あなたがとにかく信頼している人が、資金のごまかしを企んでいます。

◈ポジション4◈　**結果**

正位置…用心深く賢明な態度により、経済的な安定を達成する。

逆位置…資金が行き詰まる。ビジネスの休止状態。もうからない投資。

㊱ 十字架

CROSS

1年間のスプレッド

正位置…仕事面で目新しいことはありませんが、あなたは自分が達成したことに満足しています。満ち足りて、非難し返すこともありません。バランスのとれた日標。正しい評価。満足。

逆位置…あなたは仕事の試練に直面し、不満や限界、活動に対する一時的な疑念さえ感じています。根本的な変化を望むなら、役割、仕事、場所のすべてを変えるときです。

カードの意味

正位置…十分な保護。成功。信心深さ。

逆位置…よいサイクルの終わり。法的な敗北。

時期…12月21日～31日

アドバイス…運命に身をゆだねてください。

幸運はけっしてあなたを失望させないでしょう。

ジプシーオラクル

感情

◆ポジション1◆ **過去**

正位置…あなたはすでに自分にふさわしい人に出会い、その人と共通の興味や理想、仕事への姿勢をもっています。

逆位置…あなたは自由気ままな反抗期を経て、いまは無気力で孤独な段階にいます。

◆ポジション2◆　現在

正位置…すばらしい恋愛のおかげで、あなたは関心のあることにも時間をあてられるようになります。

逆位置…あなたは感情面の試練に悩まされています。あなたのパートナーは冷淡で無関心か、問題を抱えています。

◆ポジション3◆　予期せぬできごと

正位置…家族のお祝いごと。突然の婚約。結婚の発表。

逆位置…幻想から目が覚めます。パートナーはあなたをもてあそび、裏切り、無視し、ついには見捨てました。

◆ポジション4◆　結果

正位置…あなたの意中の人かまもなく出会う人は、あなたの片割れです。二人で末永く幸せに暮らすでしょう。

逆位置…あなたは、裏切りや悲しみに苦しめられたパートナーから仕返しにあいます。破局。訴訟。

成功

◆ポジション1◆　過去

正位置…あなたが選んだ道は、まさにあなたに向いています。明確な考え。意志の力。

逆位置…あなたは勉強や内容を軽く考えすぎています。未熟さや不注意のために時間とチャンスを失います。

◆ポジション2◆　現在

正位置…あなたは前向きな姿勢で全力で働き、グループ全体を成功へと導きます。

逆位置…退屈で給料の低い仕事。野望の達成には不適切な仕事。

◆ポジション3◆　予期せぬできごと

正位置…試験にみごと合格する。さまざまな視点に富んだ再教育コース。突然のお祝いごと。

逆位置…予期せぬ法的敗北により、あなたは苦境に立たされます。

◈ポジション4◈　結果

正位置…あなたはひとりでも十分賢いけれど、他人の助けと保護があれば、輝かしい未来が保証されます。

逆位置…他人のキャリアに敬意を払わない過度の野望は破滅のもと。

金銭

◈ポジション1◈　過去

正位置…あなたは多額の現金を持っていないのに、やみくもに投資しました。

逆位置…過剰なぜいたくに資金を浪費する。悪用。不法行為が発覚し、処罰を受ける。

◈ポジション2◈　現在

正位置…子どもの教育や夫婦の文化的な関心ごとに有意義にお金を使う。

逆位置…重要な出費や不動産取引を軽く見すぎている。

◈ポジション3◈　予期せぬできごと

正位置…思いがけない融資をうける。親族や友人に対する感謝。

逆位置…当然の処罰。銀行から融資を断られる。融資は高金利でのみ受けられる。

◈ポジション4◈　結果

正位置…あなたの株式銘柄は大きな利益を生むでしょう。今を楽しめ。しかし、リスクの低い株に再投資してください。

逆位置…問題のあるビジネス。失敗。資金の浪費。遺産相続争い。

そのほかのスプレッド

わたしたちの関係は将来どうなるでしょう？

正逆どちらの位置も出るように、カードを時計回りと反時計回り、両方の向きにシャッフルしたあと、自分の名前と好きな相手の名前を声に出して言いながら、トントントンと右手で3回デッキを叩きます。

カードを裏返したまま、最初の3枚を捨てて4枚目のカードをめくり、また次の3枚を捨てて4枚目（最初から数えて8枚目）のカードをめくります。同じ手順でカードをめくっていきます。

こうして9枚のカードを選んだら、3枚ずつ縦に3列並べます。左側の一番下から始めます。

左側の列は、あなたに関することを表します。

ポジション❶ あなたの本質
ポジション❷ あなたが恐れるもの
ポジション❸ あなたが望むもの

右側の列は、好きな相手に関することです。

ポジション❼ その人の本質
ポジション❽ その人が恐れるもの
ポジション❾ その人が望むもの

そして真ん中の列は、二人の関係の過去（ポジション❹）、現在（ポジション❺）、未来（ポジション❻）を表します。

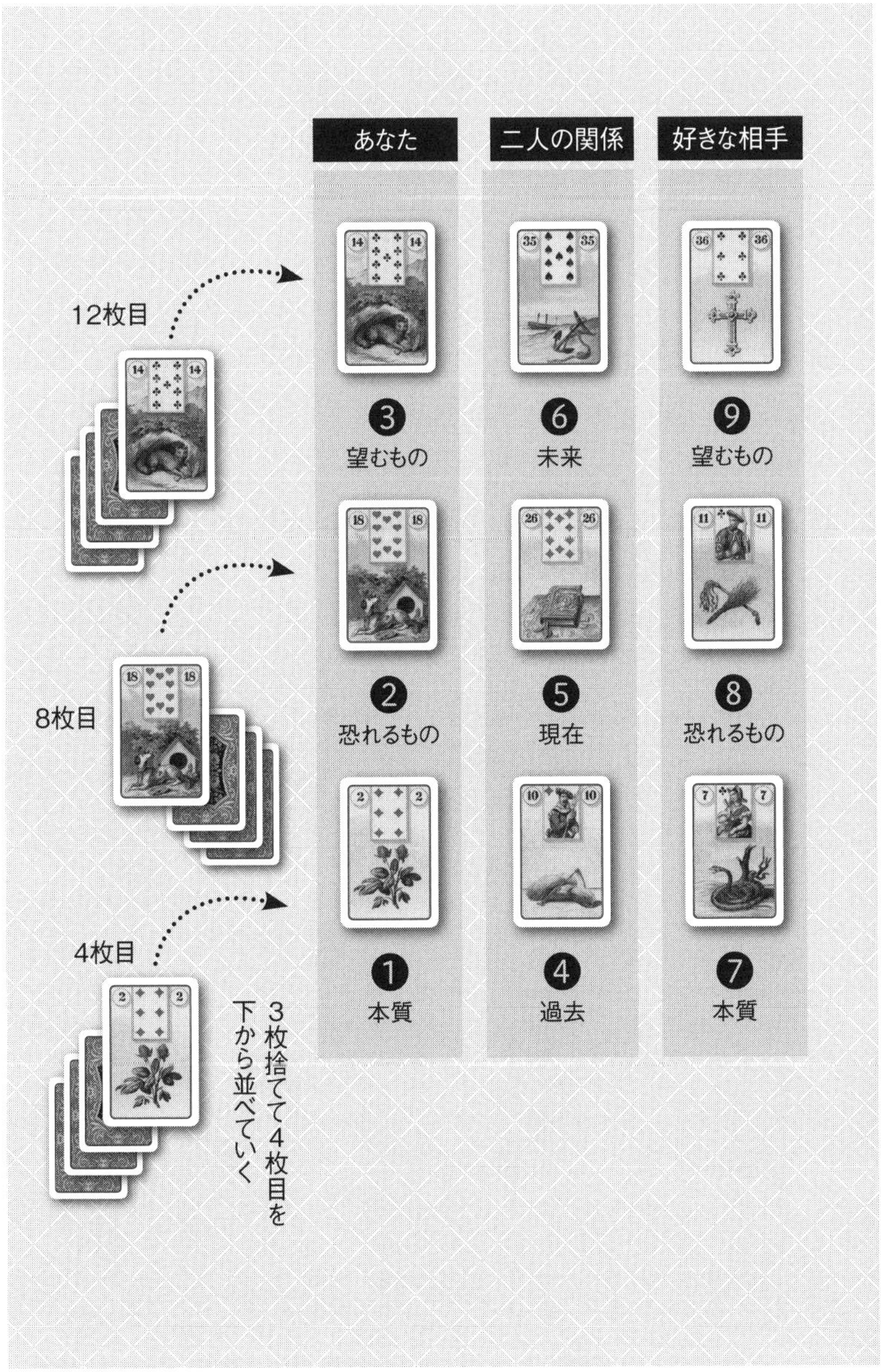
あなた
二人の関係
好きな相手
12枚目
8枚目
4枚目
3
望むもの
6
未来
9
望むもの
2
恐れるもの
5
現在
8
恐れるもの
1
本質
4
過去
7
本質
3枚捨てて4枚目を下から並べていく

あなたとその未来を占いましょう

デッキをシャッフルして、最初の1枚をとり、スプレッドの中央に置きます。このカードがあなたの本質と特徴を示します。

残りの35枚のカードを7枚ずつ5つの山に分け、その山を縦一列に並べます。上2つと下2つ、合わせて4つの山を取り除き、残った真ん中の山の7枚のカードを、最初にスプレッドの中央に置いたカードのまわりに並べます。

ポジション❶ 感情、過去、家
ポジション❷ 知性、コミュニケーション、ビジネス
ポジション❸ 恋愛、人間関係
ポジション❹ 意思、成功
ポジション❺ 強さ、争い
ポジション❻ 幸運、お金
ポジション❼ 不運、試練

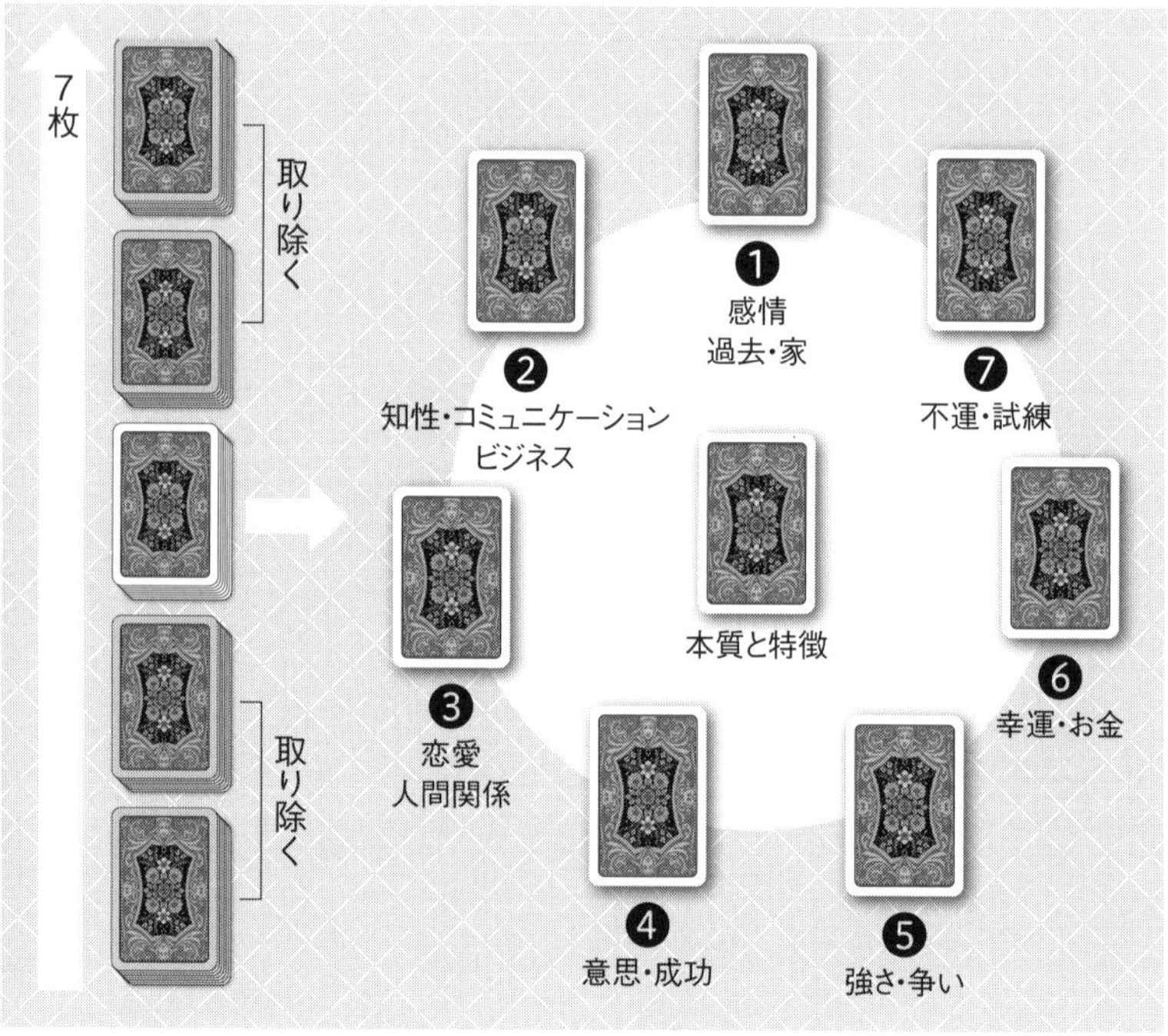

相談者へのオラクル

カードをシャッフルして、明確な質問をしてからスプレッドの準備をします。

デッキの一番上のカードを引きます。これは、意外な要素を表します。それから残りの35枚を5枚ずつ7つの山に分け、左から右へと横一列に並べます。この占いでは、女性なら一番左の山（列の最初の山）、男性なら一番右の山（列の最後の山）を使い、その山の5枚のカードを並べて解釈します。それぞれのカードの意味は次の通りです。

ポジション❶ あなたを支持するもの
ポジション❷ あなたに反対するもの
ポジション❸ 問題の原因
ポジション❹ 達成すべき目標
ポジション❺ 最終的な結果

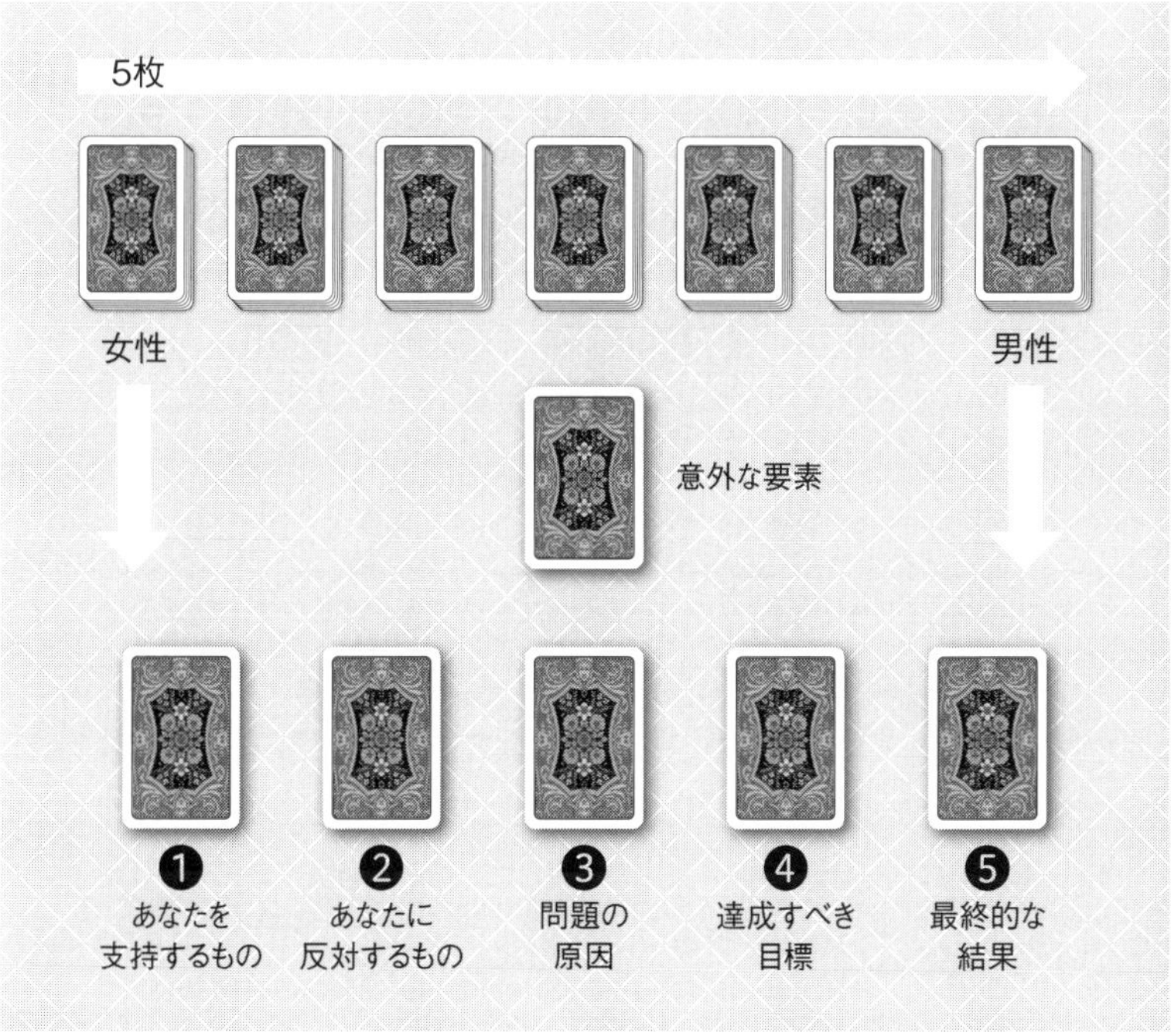

中国の五行説のスプレッド

カードをシャッフルして、デッキの一番上のカードを引きます。このカードは相談者自身を表します。残りの35枚を7枚ずつ5つの山に分けます。それぞれの山の一番上のカードを引き、次のように並べます。

ポジション❶ 火：あなたの情熱、エネルギー、セックスを表す。

ポジション❷ 土：あなたの身体、健康、お金を表す。

ポジション❸ 金：あなたの争い、野望を表す。

ポジション❹ 水：あなたの精神生活、恐れ、願望を表す。

ポジション❺ 木：あなたの人間関係、コミュニケーション、旅を表す。

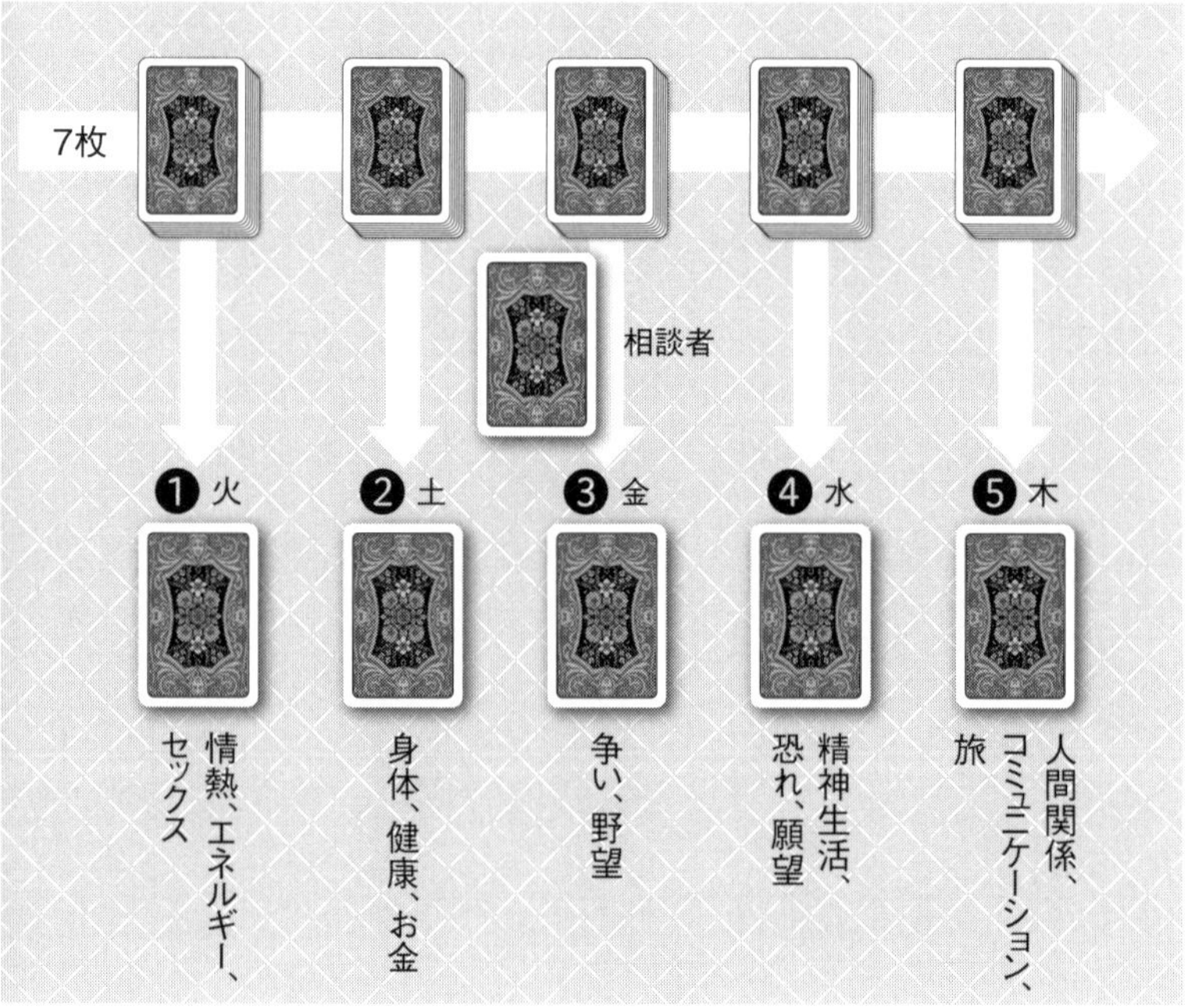

イレブン・シスターズ占い

カードをシャッフルして、デッキから3枚引きます。これらは相談者の人格（①性格、②長所、③短所）を表します。それから、残りの33枚を11枚ずつ3つの山に分け、下に2つ、上に1つの三角の形に置きます。下の2つの山を除き、上の山の11枚を並べます。次のような解釈ができます。

カード❶❷❸　するべきこと
カード❹❺❻　するべきではないこと
カード❼❽❾　将来の状況
カード❿⓫　意外なこと

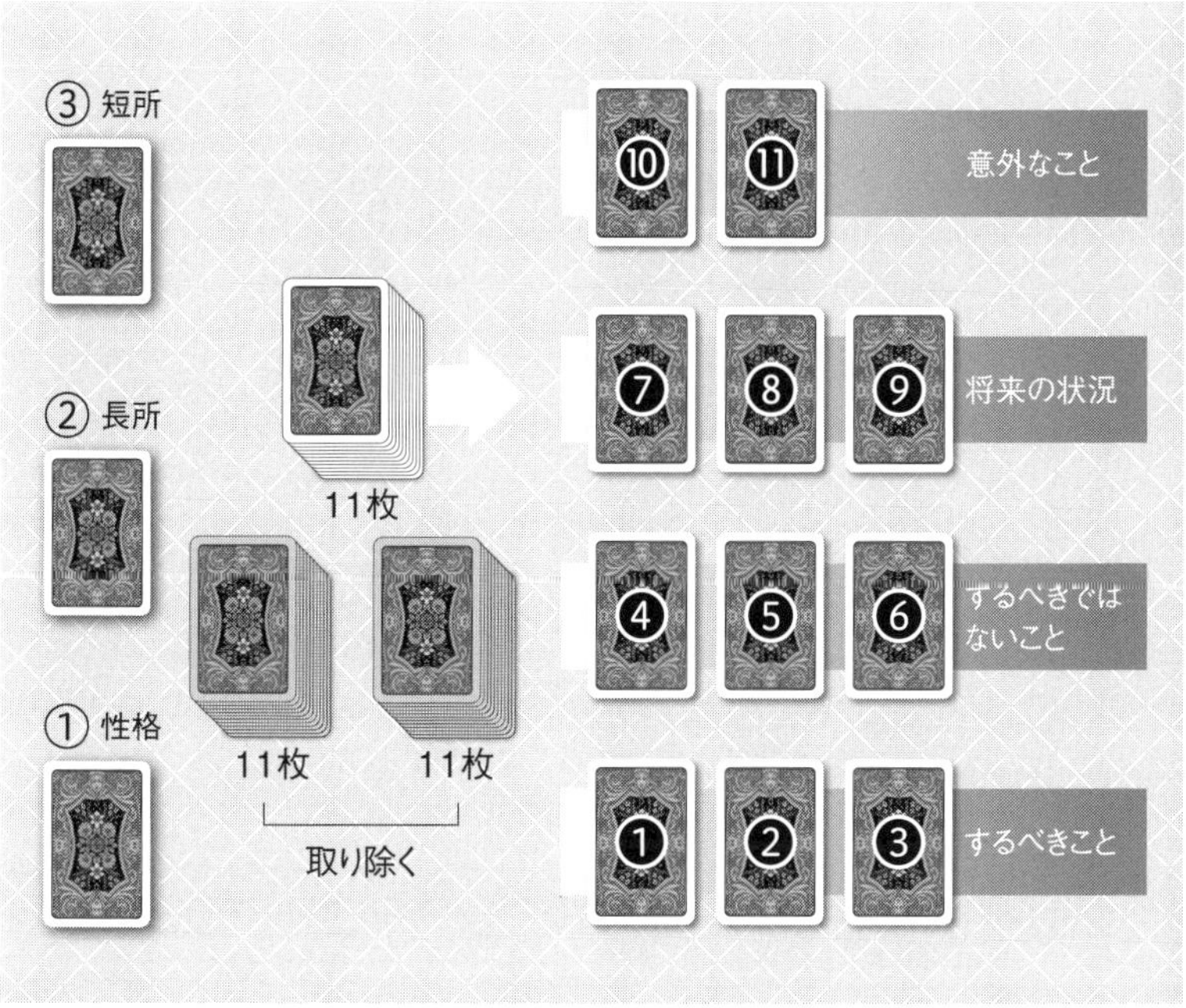

解説

ここにお届けするのは、クラシックな図版によるルノルマンカードです。

ルノルマン・カードはここ数年で日本でもずいぶんと普及してきました。タロットでもない、トランプでもない、そしていわゆるニューエイジ的なオラクルカードでもない、占い専用のカードであるルノルマン。その存在は、日本でも一部占い愛好家の間では八〇年代には知られていました。カードも輸入されていて、タロット占いやトランプ占いの使い手たちは密かにコレクションしていたものです。

なにしろ、この「ルノルマン」というのは、かのナポレオン妃ジョセフィーヌの寵愛を受けたという伝説的な占い師の名前です。触れ込みでは、このルノルマンが使っていたカードだということになっていたのです。

しかも騎士やハートといった優美なシンボル群は、ややもするとおどろおどろしい雰囲気につつまれたタロットよりもずっとエレガントです。「怖い」インパクトを与えるカードもなく、トランプの記号や詩を書き込んだその絵柄は、独特の魅力があって占い好きの心をつかむには十分。

ただ、それを実際に使いこなしていた占い師はごく少数だったと思われます。実際の占い方は、英語圏でもほとんど知られていなかったのです。

日本では一九八〇年に木星王著『ジプシー秘伝　カード占い入門』（西東社）の中で、ルンゼという方がルノルマンカードを使った占い方を紹介されたのがその先駆だったのではないかと思います。

英語の本においては、僕が最初に手にしたのは一九八九年に出た Enge "*The Oracle of malle Lenormand*" *Urania Verlag* でした。

ただ、二十世紀の間はルノルマンはさほど大きな注目を集めてはいなかったのですが、二〇一〇年代に入ると、英語圏で優秀なタロットのリーダーたちがいっせいにルノルマンの研究を世に問い始めます。

ルノルマンのルネサンスとでも呼べる現象が起こってきたのです。

日本でも私家版のルノルマンのマニュアルが出たりして、そして手前味噌にはなりますが、二〇一四年に出た拙著『秘密のルノルマン・オラクル』（夜間飛行）が日本におけるルノルマン普及の皮切りになったとされています。

今では、街の占い師さんやネットでの占いのメニューの多くに「ルノルマンカード」の名前を見ることができるようになりました。その普及の速さには、ルノルマンカードを本格的に紹介した僕自身が何より一番驚いています。

ここで慌てて付け加えなければなりませんが、ルノルマンカードの考案者は伝説の占い師ルノルマンではありません。

ルノルマンがフランス革命期、そしてナポレオンの時代にパリを拠点に占い師として大いに活躍したのは事実です。

しかし、「ルノルマン」の名前を冠したカード(三六枚の「プチ・ルノルマン」と五四枚の「グラン・ルノルマン」があります)は、ともに占い師マドモワゼル・ルノルマンが使っていたものではないのです。

興ざめになるかもしれませんが、とくに今、普及しているプチ・ルノルマンは、ルノルマンの死後三年して、ドイツでルノルマンの名前を勝手に使用して出版されたものなのです。

そして、さらに種を明かせば、このカードはもともとすごろくというか、人生ゲームのような「希望のゲーム」のための遊戯用カードだったのです。

では、そこにはまったく意味がないのか、というとそうでもなく、さらにそのルーツには夢占いやコーヒー占いのシンボリズムがあることが最近のリサーチでわかってきています。

このルノルマンの歴史については、簡単には拙著『秘密のルノルマン・オラクル』、そしてより詳しくは伊泉龍一・桜野カレン著『ルノルマン・カードの世界』(駒草出版》をご覧になるとよいでしょう。

さて、本書と付録のカードについてです。

このキットの最大の魅力は、おそらく一九世紀末から二十世紀初頭のカードの復刻でしょう。

ヴィンテージ風の色合いや絵柄が何とも言えずクラシカルでエレガントな魅力を放っています。

最近ではＣＧを使ったカラフルで強いインパクトのあるルノルマンカードが新たにたくさん作られていますが、こうした古版の落ち着いた味わいを残したカードは、大変好ましいと個人的には感じています。

そしてこの解説書を手にすれば、ごく簡単に自分で占うことができるようになっています。

難しいことは何もありません。手順どおりにやれば、カードからのメッセージを引き出すことができる仕掛けになっています。

ただ、このカードのマニュアルはルノルマン本としてはかなりユニーク、独自のものになっています。

いえ、すでにお話したようにルノルマンカードは元来、遊びのためのカードだったのですから、正直いうと「正統な方法」などは存在しません。

自分なりの占い方を開発してしまえばいいのです。

ただ、そうはいっても、ルノルマンを使った方法で主流になっているものはあります。

カード占いというと、タロットを基準に考えて、カード一枚一枚の意味と、それが展開された「場」の意味を組み合わせて解釈していくのだろう、という先入観があるかもしれません。

しかし、ルノルマンのポピュラーな方法では、その先入観を外す必要があります。ルノルマンの占いでもっとも「スタンダード」な方法である「グラン・タブロー」では三六枚のカードをいっぺんにテーブルに並べてしまいます。しかもすべて表向けにです。

このとき、正位置や逆位置といったタロットで用いる解釈の違いはありません。また、この場所に出たカードが意味するもの、という「場」の意味もありません。

代わりに重要になるのは「象徴カード」です。相談者自身や相談内容を意味するカードをあらかじめ決めておき、タブロー状（板画）のように並んだカード群の中からその位置を確認するのです。

そして相談者のそばにあるカードが相談者の今の状況を示すとして、それらのカードを縦横、斜めとつなぎ合わせて縦横無尽に解釈を紡いでいきます。

またルノルマンの一枚一枚の意味はタロットと違ってごくごくシンプルなのですが、二枚以上のカードを組み合わせて、まるで花言葉を繋げるように意味を生み出していきます。例えば愛を意味する「ハート」と「手紙」のカードが隣り合って出ればきっとそれは愛を告げるメールだ、というふうに。

ルノルマンの占いの奥深さはこんなところから出てきます。


それに比べると本書の占い方法はより「タロット的」だと言えそうです。

それぞれのカードの意味と場の意味を組み合わせ、さらに、正逆で意味を読み分けているのですから。

そしてこの著者がよりタロット的な用い方をしているであろうことは、このカードのサイズにも表れています。

このルノルマンカードは標準的なルノルマンパックに比べるとかなりの大判なのです。その分、絵がはっきり目に入って占いやすいというメリットはあります。

ただ、スタンダードなルノルマン占いの方法である「グランタブロー」を試そうとすると、すべてのカードを展開するには相当、大きなテーブルが必要になってしまうことでしょう。

このカードのサイズを考えると、このパックはグランタブローを用いることを想定してないと推察します（もちろん、大きなテーブルを用意して使ってみてもＯＫ。さぞ壮観でしょう！）。

そして、本書には本書の強みがあります。グランタブローは、かなり練習を積まないと使いこなせないのです。

が、このマニュアルの方法を使えば、カードを手にした日からすぐに占いを楽しむことができるようになります。

それぞれのカードがそれぞれの場所に出た時の意味がキーワードとしてすべて書かれているのですから、それを読めばいいのです。

初心者のうちはそれだけで簡単に一人占いを楽しむことができるでしょう。

とはいえ、アンチョコに書かれている意味を棒読みしているだけでは、やはりちょっと寂しいし面白くはないですね。

カード占いの醍醐味は、カードに現れてくる意味を自分で自由につなげ、イマジネーションを掻き立てて、実際の人生の文脈に当てはめていくことです。その中で思いがけない洞察やヒントが現れてくることがままあるのです。

幸い、今では日本語でもかなりの数のルノルマンの手引き書が出るようになりました。

もしみなさんがほかの方法でもルノルマンカードの占いを使ってみたいと思われるのであれば、左記の書籍を参考にされるとよいでしょう。

鏡リュウジ『秘密のルノルマン・オラクル』(夜間飛行)

伊泉龍一・桜野カレン『ルノルマン・カードの世界』(駒草出版)

マーカス・カッツ、タリ・グッドウィン　伊泉龍一訳『ラーニング・ザ・ルノルマン』(フォーテュナ)

高橋桐矢『実践　ルノルマンカード入門』(ワンパブリッシング)

香『ザ・ルノルマンカード』(説話社)

では、みなさんがルノルマンの世界をお楽しみにくださいますように。

鏡リュウジ

LENORMAND ORACLE
by Laura Tuan

ルノルマン・ヴィンテージカード

2022年1月10日　初版発行
2023年9月30日　再版発行

著　者　ローラ・トゥアン
監訳者　鏡《かがみ》リュウジ
訳　者　宮田攝子《みやたせつこ》

発行所　株式会社 二見書房
〒101-8405
東京都千代田区神田三崎町2-18-11
堀内三崎町ビル
電話　03（3515）2311［営業］
03（3515）2313［編集］
振替　00170-4-2639

印刷所　株式会社 堀内印刷所
製本所　株式会社 村上製本所

ブックデザイン　河石真由美
DTP組版　オフィスCHIP

落丁・乱丁本は送料小社負担にてお取替えします。
定価は外箱に表示してあります。

ISBN978-4-576-21213-5
https://www.futami.co.jp